超脑™
行为经济学

"错误的行为"背后精巧的进化机制

孙惟微 ———— 著

江西人民出版社
Jiangxi People's Publishing House
全国百佳出版社

图书在版编目（CIP）数据

超脑行为经济学 / 孙惟微著. -- 南昌：江西人民
出版社，2018.2
ISBN 978-7-210-09833-1

Ⅰ．①超… Ⅱ．①孙… Ⅲ．①行为经济学 Ⅳ.
①F069.9

中国版本图书馆CIP数据核字（2017）第256710号

超脑行为经济学

孙惟微 / 著

责任编辑 / 辛康南

出版发行 / 江西人民出版社

印刷 / 北京柯蓝博泰印务有限公司

版次 / 2018年2月第1版

2018年2月第1次印刷

710毫米×960毫米　1/16　17印张

字数 / 276千字

ISBN 978-7-210-09833-1

定价 / 39.80元

赣版权登字-01-2017-815

如有质量问题，请寄回印厂调换。联系电话：010-64926437

行为经济学的"脑洞补完计划"

行为经济学是一种让人"脑洞大开"的学问。

比如，为什么厂商会请明星代言？

传统经济学纯粹是从理性的角度来解释的。比如博弈论给出的解释是，因为厂商精明无比，请明星代言要花掉一大笔代言费，请名人背书，就等于向市场抵押了一笔商誉资产。如果产品质量有问题，商誉就会下降，这笔抵押金也会大幅缩水。

同时，传统经济学也假设消费者聪明无比，也能领会厂商的诚意，相信厂商不敢轻易要滑头。所以，请明星代言会增加产品的销量。

这个解释似乎具有完美的逻辑自洽，但漏洞也不少。

行为经济学对这个世界的解释，迥异于传统经济学。

行为经济学家认为，就算是一个不懂博弈论的老太太，她只要熟悉周杰伦这张明星脸，当她看到周杰伦代言的电动车时，她的直觉会告诉自己，已经有很多人在买这牌子的电动车了，她也可以随大流买这个牌子。

因为相对于一些不太熟悉的信息，熟悉的信息更容易给人们留下深刻的印象，同时会被认为是更真实，更相关。

行为经济学大师卡尼曼和特韦斯基，在1973年的实验中发现，如果被试私下里听人提起生活中的某个人曾经被犯罪分子侵犯，尽管他们可以接触到更全面、更具体的统计数据，但仍会高估其所在城市的暴力犯罪率。

这是因为，"信息的熟悉性或可得性往往会成为准确性和相关性的替代品"。

传统经济学的"经济人"假设可谓根深蒂固，对我们影响深远。

20世纪50年代，美国一家食品公司发现，他们研发的预制蛋糕粉销量不佳，研发人员对配方不停改进，消费者仍旧不买账。

公司老板请来了心理学专家欧内斯特，探讨其中原因。欧内斯特教授认为，消费者并不是那么理性的。这种蛋糕粉滞销的真正原因是，这种预制蛋糕粉的配方配得太完善了，家庭主妇们损失了"亲手做的"那种感觉。于是，食品公司尝试把蛋糕粉里的蛋黄去掉。虽然这为烘培增加了难度，但家庭主妇们觉得，这样做出来的蛋糕，才算是"亲手做的"。蛋糕粉的销量获得了明显增长。

时至今日，仍然有很多营销人被传统经济学的教条所奴役。我今后会写一本《超脑行为营销学》，用行为经济学的思维谈营销。

很多人抱怨行为经济学不成体系，其实这正是它的特点，他充当的是传统经济学理论警察的角色，提供的是一系列"补丁"，可谓"脑洞补完计划"。行为经济学为我们开启了"新世界的大门"，为我们提供了一套重新解释世界的工具箱，也拓展了"经济学帝国主义"的新版图。

由于作者才疏学浅，这本小书，只是一本抛砖引玉之作。它提出的可供探讨的问题，比它所作出的结论更有价值。希望读者方家不吝赐教，以便进一步完善。

作者微博ID：@熙代

2017.7.7

目 录
contents

第5章　金昏瓦巧
——前景理论之"决策权重函数" / 051

第6章　锚定效应
——难以觉察的参照值 / 059

第11章　懊悔理论
——懊悔规避与寻求自豪 / 135

第12章　天地不仁
——非理性的起源 / 147

第16章　永恒法则
——平均次元&极端次元 / 197

第19章　快乐重构
—— 幸福微积分 / 243

结束语 / 256

第**1**章

浮世莫测
——俄罗斯轮盘与针尖上的天使

智者之虑，必杂于利害。

——《孙子·九变》

人类对风险的感知，和实际存在的风险不对称，这是行为经济学的精髓所在。

——理查德·泰勒

10亿美元一下，你愿意吗

先假设一个赌局，导入2个基本概念。

有一个无聊又古怪的大亨，要和你打一个堵：一张10亿美金的现金支票，一把能装6枚子弹的左轮手枪，只装一枚，并随机转动弹匣。对着你的头扣动扳机，只要你还活着，就可以拿支票去兑现。

你愿意堵一次吗？

愿意：　　　████████░░░░░░░░░░　11696（45%）

不愿意：　████████░░░░░░░░░░　14258（55%）

这是我当年在开心网上设计的一个投票，吸引了26000多名网友参与。在权衡利弊后，网友们作出了自己的抉择。

　　　风险喜好（risk loving）：决策者常常会不顾可能发生的危险，仍
实施某项行为和进行某项决策活动。

　　　风险厌恶（risk averse）：也叫风险规避。这种决策者较保守，回
避可能发生的风险。

在这个例子中，其中45%的网友选择了"愿意"，是"风险喜好者"；另外55%的网友是"风险厌恶者"。

这个赌局叫俄罗斯轮盘，因其紧张刺激常被改编为电影桥段。

一战期间，战壕里的俄国士兵，前面有敌人的毒气，后面有自己人督战的枪口。在这种极端环境下，人对风险的态度就暴露出来了。一些俄国士兵索性用左轮手枪来算命——在一把左轮手枪的弹匣里，不装满子弹，随机转动弹匣。参赌

者轮流拿这把枪对准自己的太阳穴开枪。幸存者获胜，赢得死去战友的财产。这就是所谓的"俄罗斯轮盘赌"。

你每天都在玩俄罗斯轮盘赌

柯尔特先生在发明左轮手枪之前，恐怕没有想到它会成为一种赌具——赌命的工具。战争固然血腥，日常生活也不遑多让。

其实，我们每天都在玩低烈度的俄罗斯轮盘赌。

最常见的左轮手枪只能装6枚子弹，但也有的能装8枚，这取决于转轮直径与弹巢的多少。19世纪末，比利时曾生产过一种左轮手枪，可装20枚子弹，不过携带很不方便。

你看见过能装100枚子弹的左轮手枪吗？

1000枚的呢？

1000000枚的呢？

我也没有。

不过，这不代表这个世界上不存在这样的"邪恶左轮"。

比如，某种传染病，有百万分之一的可能被感染，你会因此接种疫苗吗？

乘坐某种交通工具，有千万分之一的可能会出意外，你愿意因此买保险吗？

有学者对人的一生中可能遇到的风险，做了统计，得出如下结论，供大家参考。

宅在家里受伤：风险系数为1.25/100

死于车祸：风险系数为2/10000

死于狂犬病：风险系数为1/70000

死于溺水：风险系数为2/100000

死于火灾：风险系数为2/100000

散步时被汽车撞死：风险系数为25/1000000

死于飞机失事：风险系数为4/1000000

所谓"安全"，只是你以为的安全，是人类自我催眠的结果，风险只是概率大小的问题。如果我们每时每刻都对风险有着非常清醒的认识，那滋味很可能生不如死。

去医院时，不要忘记带上钱和"运气指数"

你听说过NNT这个概念吗？

NNT是英文"治疗所需人数"的缩写，是指多少人服用了某种药，或接受了某种手术或其他任何治疗方案，才会有1个人受益。

NNT是很多制药公司不愿提起的一个话题。真正能揭露行业内幕的，还是内行人士。据葛兰素史克制药公司估算，90%的药品只对30%到50%的人有用。

假设你身体不适，去医院做了个体检。

医生说："我刚收到你的化验报告，你的胆固醇很高啊。"

众所周知，胆固醇高会增加患心血管疾病、心脏病和中风的风险。你觉得胆固醇高不是一件好事，要尽快把指标降下来。

医生说："对于你这种情况，一般开的最多的处方药就是他汀类药物。"

甚至，他还向你透露，其中仅辉瑞公司的一个他汀类单品"立普妥"，年销售额就能达到百亿美元，由此可见这种药物多么受欢迎。

你想了想，好像隔壁老吴就一直服用这类药，这么多人的选择，应该没什么大问题。于是你接受了医生的建议。

你拿到了药物，看到包装十分精美，上面甚至连提醒你星期几服药都做了标注。你对这种药品的信任度又提高了一成。

一直以来，你有一个观念，有病早治，没病早防。如果有了病，治总比不治要好，有所作为总比无所作为要好。

于是你想，这数字当然应该是1啊。如果这药物对我没有一丁点好处，医生也没有必要开给我呀。

抱歉，医生从未对你做过这种承诺，现代医学实践的逻辑不是这样的。就算你去医院割个包皮，医院也要和你签生死状的。

他汀类药物是人类社会最受欢迎的处方药之一，它的NNT（治疗所需人数）是多少？

答案是300。也就是说必须有300人服用此药一年，才能预防一起心脏病、中风或其他疾病。

你或许会说："好吧，三百分之一的受益概率是很低，但吃总比不吃要强那么一点点吧。"

但是，这个时候你还应该想到，收益与风险总是相伴而生——吃这药会带来什么风险，或者说这药的副作用是什么？

你掏出手机一搜，发现这些副作用包括：记忆力损伤、肌无力、关节疼痛和肠胃不适……

假设这些副作用仅仅发生在5%的患者身上，那么你受益于这种药物的可能性，将是受害于这种药物可能性的15倍。

这个时候你还愿意以身试药吗？

其实，你最应该做的是再问一遍医生："你是我的话，你会对自己采取什么治疗方案"。而不是"我的病应该怎么治"。

毕竟，你想要的是健康，而不是某个身体指标的合格。

美国医生特鲁多有句名言流传甚广："有时去治愈，常常去帮助，总是去安慰。"

这其实坦承了一个事实，治疗这件事原来是一场赌博，在下注之前，最好能掂量一下自己的运气。

巨数法则

物理学家说，万物起源于一次大爆炸（Big Bang）。

天文学家说，以宇宙之大，我们至今仍未发现外星生命，其实比发现了外星生命更让人感到诡异。

因为从理论上讲，只要样本足够大，任何稀奇古怪的事情都可能发生。

尽管，奇迹的概率如此之小，可是再乘以几个巨数，就变得可能了。

什么是巨数？

就是超出人类想象力的巨大数字。《金刚经》里有个比喻，叫"恒河沙数"。巨数是比"恒河沙数"还要大的数字。

比如一个古戈尔，等于1后面100个0。著名的搜索引擎谷歌的名字就是根据古戈尔来命名的。

然而，古戈尔是一个想象中的数字，是一个比"三千大千世界"更玄的话题。

因为一个古戈尔远比宇宙中所有粒子的总和还要多，现今宇宙的所有粒子总和连1090个都不到。

100年前，有个数学家叫波莱尔，他提出了一个"无限猴子定理"：无限只猴子用无限的时间去敲打字机，最后必然可以打出莎士比亚的所有作品。

有好事者，设计出个"波莱尔之猴"模拟器，挂在互联网上。猴子每秒打一个字母，猴子数量随时间不断增加。据说，已经有只猴子打出了《亨利二世》中的一小段。

文章本天成，妙手偶得之。

无限漫长的时空中，数之不尽的猴子不停地敲键盘，不出几只"妙手"岂不怪哉？敲出比《哈姆雷特》更伟大的作品，也在情理之中。

巨数法则，是指如果样本足够大，极端不可能发生的奇事都有可能发生，也就能理解那些所谓"惊人"的巧合。这些匪夷所思的巧合若放在大背景下观察，根据"巨数法则"就有发生的可能。

每次媒体报道说千年不遇的流星雨之类的玩意儿，你是不是都会怦然心动？

其实这类现象在宇宙中几乎每天都在发生。听着极不可能的事件，其实是普遍发生的，只是人类不擅长将概率论客观地应用到日常生活中。

探讨巨数问题，真好比夏虫语冰。

西方经院哲学有一个经典议题，是说天使无处不在，可大可小，小到具体多少天使可以站在一枚针尖上呢？

现在已经有好事者算出来了。如果每个天使的质量达到临界质量，那么每根针尖上最多可以站86766后面再加45个0个天使。

被"随机"愚弄

教科书中所说的随机，只是一种"方便法门"。是为了讨论方便，以绝对理想状态为假设的。

假设一枚绝对均匀的硬币，六面绝对均匀的骰子……不然推演就无法深入下去了。我们唯一需要知道的，就是这些假设是从未存在过的理想条件。

"二次元"的世界，就是一个"伪随机"的世界。

动漫、小说是靠各种巧合与玛丽苏剧情堆砌，游戏更不用说，更是用各种奇怪的概率刺激玩家脑内多巴胺的分泌。

把"伪随机"当成真随机，把真随机当成伪随机，是我们常犯的错误。

比如，音乐播放器的"随机模式"，其实是一种伪随机。

如果是真随机，很可能会出现这样一种情况：某首歌反复不停地播放，某首歌总也不被播放。但为了照顾消费者的感受，所以播放器里的随机模式是一种伪随机，很多人觉得这种"伪随机"才更像随机模式。

IT界有句话：程序里没有真随机。其实，严格意义上的随机，也无法做出来。因为程序世界是一个充满"算法"的世界。

"三次元"世界就是一个真随机的世界吗？

以最常见的硬币、骰子为例，它们并非绝对均匀的。就算没有做手脚，它们每一面的空气摩擦系数之类的参数也是不一致的。

哪一面会有微弱的赢率优势，是每一个职业赌客都会追究的问题。再如"有效市场"假说、"随机漫步"假说……也是只在理想状态下的推演而已。

19世纪的数学家拉普拉斯就曾假想过，如果有一个妖魔，它知道宇宙中每个原子确切的位置和动量，能够使用牛顿定律来展现宇宙事件的整个过程，过去以及未来。所谓"上帝不掷骰子"。

数学是关于无限的科学。但经济学不是，经济学是关于匮乏的学说。有限的资源，有限的筹码，我们无法奢谈无限。

邪彩传说

你一定听说过关于"邪彩"的都市传说吧。就像美剧《迷失》里的那个肥佬，中了巨奖以后遭遇了飞机失事。

这里举一个现身说法的例子，来自投资银行家王冉先生的微博：

> 河南一彩民8号独中3.5亿创历史新高。我在哈佛商学院的一位同班同学，在我们毕业三个月后她生日那天买了三张彩票，其中一张中了2400万美元。我们还开玩笑说她是我们这届同学里最早成为千万富翁的。结果三年以后，她就患了癌症，今天已经离开了我们。人生很多事，真的说不清。愿这位河南彩民平安健康。

理性上讲，这两件事情互为独立，不构成因果关系。但更多人认为，她命里不该承受这笔意外之财。为什么离经叛道的观点却更有市场？因为理性的分析并不能完美地解释风险，更难以消除我们对风险的恐惧。

请读一则来自《纽约时报》的报道。

在美国的新泽西州，有一位幸运的女士，买彩票中了头奖，这并不能算新闻。值得称奇的是，该女四个月后又中了一次头奖。统计学专家做出解释，这种事情发生的概率是十七万亿分之一。

你认为美国这家博彩公司作弊了吗？记下你的答案，再看一则报道。

某国产手机，在微博发起过转发抽奖送手机的活动，半年内连续三次都送给了同一个网友。你觉得这家国产手机厂商作弊了吗？

你对这件事的态度是否矛盾？

把随机事件看作人为操纵，把人为操纵看作随机事件，是我们常犯的错误。

第**2**章

风险简史

——先知、赌徒与风险炼金术

在各种数学领域中，没有什么比概率更容易让专家出洋相的了。

——马丁·加德纳

这门源自赌博的科学，必将成为人类知识中最重要的部分。大部分生活中最重要的问题，都只是概率的问题。

——拉普拉斯《概率分析理论》

大约6000年前，人类就开始研究天文和历法。

大约4000年前，人类已掌握青铜冶炼技术。

大约5500年前，人类已经发明了骰子赌戏。

然而，人类对概率的探索还不到500年。但这背后的驱动力是一致的，就是源于人类的贪婪与进取之心。如果我们能勘破风险本质，就能从混乱中发现金矿。

超级幸运鸟

我们绝大部分人不具备理解概率的生理结构，我们天生就是"概率盲"。尽管我们自诩为万物之灵长，其实对概率的理解却非常不堪，甚至远逊于低等动物。

地球上如果真有幸运鸟这个物种，啄木鸟当之无愧算是一种。下面是动物行为学家在1984年做的一份实验报告。

在一个实验室里，研究人员为绒斑啄木鸟准备了两种人造树木，每一种上面都有24个洞。其中一种树干中全是空的，而在另一些树的树干中，24个洞里有6个里面有绒斑啄木鸟喜欢吃的虫子。

如果在一棵树的洞里总是找不到虫子的话，绒斑啄木鸟就要换地方了。但是，要是离开太早，它就会因前几次的不走运而错失一顿美餐；走得太晚，它又会失去别的机遇。

要经过多少空洞，绒斑啄木鸟才会离开一棵树，换到另一棵树上去找呢？

用高等数学，通过一番复杂的计算，我们可以算出：啄木鸟应该连续6次遇到空洞，就离开这棵树。

实验观察的结果是：啄木鸟在做出正确的取食决策之前，平均需要啄6.3个洞。

当时实验者对树木、树洞的数目做出调整后，啄木鸟也会相应地改变决策，啄木鸟的计算近乎完美！

啄木鸟对运气的把握，堪称大师级别。

漫长的进化历程，赋予了啄木鸟不同于人类的"心智拼图"。

患癌的概率是多少

我们对概率的理解能力，远逊于低等动物，甚至某些专业人士也难免犯错。

东北某市电视台的年轻女主持人，经过3个疗程的化疗，一头漂亮的长发一度脱落成光头，她依然顽强地与"病魔"做斗争。然而，就在她要做第4个疗程化疗前，北京三家更权威的医疗机构的检验结果出来了：这位27岁的年轻人其实患的不是癌症……

宫颈癌是一种可以通过病毒传染的癌症，我们假设宫颈癌的发病率为1/1000，是否感染此病，可以通过检查来确认。但是，误诊率为1%。也就是说——感染宫颈癌的概率为0.1%。

没有感染宫颈癌，却被诊断为"感染"的概率为1%。

感染宫颈癌，却被诊断为"没有感染"的概率为1%。

假设一个女孩接受检查之后，非常不幸地被诊断为"感染"。此时，她真正感染此病的概率究竟为多少呢。

A. 约90%   B. 约50%   C. 约10%

我们可以这样推算，假设10000人接受检查。这10000人中仅有10人被确诊患有宫颈癌。同时，其他没有感染此病的9990人的1%，也就是100人会被误诊为

"感染"。被诊断为"感染"的110人中，仅有10人真正感染此病，概率为9%。

其实，就算原来那家医院的医生算出这位年轻女主持90%患癌症，但事实上她患癌症的概率还是很低的，因为，如果把27岁患这种癌的概率算进去，就大大降低了患癌的可能性。

狩猎概率场

场，系指无法感知，却真实存在的领域。

比如气场、道场、名利场、舆论场、磁场……

很久以来，人类不知道自己活在磁场里。但鸽子一直靠地磁场导航，当太阳黑子剧烈运动，鸽子就会迷失。

大自然将人类置身于一个不确定的世界。我们活在一个随机世界，或者说"概率场"之中。

在美剧《西部世界》中，设定了这样一个故事背景，有一个名叫"西部世界"的大型游乐场，里面有各种角色，牛仔、土匪、妓女、警察、平民……不过它们绝大多数是机器人扮演的，按照既定的剧情来演。游客可以在里面尽情释放自我，狩猎、杀人、纵欲。

如果真的有这样一个游戏，那么它其实是比较乏味的，因为失去了不确定性就失去了仿真性。

人类与风险相伴而生，没有风险的游戏是不会让人上瘾的。我们可以从《西部世界》衍生一篇微型科幻小说，叫作《概率场》。

在这个虚拟的次元里，如果有某个游客，对概率的理解超越其他游客，那么他就会具有超越同侪的竞争优势，幸运附体。这个异类甚至会被视为"先知"，精通"神机""妙算"。

这是一个不确定的世界，理解这种不确定，你就能通过猎寻风险，斩获颇丰。否则，你就会成为风险的猎物。

占卜是古拙的风险探索技术

概率有个别名叫运气。

人们曾经将概率问题归于神机，人类对未知、风险、不确定，充满敬畏。但人类仍试图窥探天机，比如扶乩、抓阄的传统至今依然存在。

传统的卜筮技术，更像是一种假托神灵的古拙取样技术。

在加拿大的布拉多半岛，居住着一群古老的印第安人部族，被称为纳斯皮卡人。

纳斯皮卡人古风依旧，仍保持着渔猎、采集的生活方式。当他们决定选择朝哪个方向出发去寻找猎物时，用的就是商朝人的占卜手段。

纳斯皮卡人会把干燥的驯鹿肩胛骨放在火上烤，直到骨头变热、裂开、产生斑点，然后请通灵者解读卜辞。这些随机生成的裂痕，会指引猎人寻找猎物时应走的方向。

这种由神灵决定狩猎仪式的习俗，为何可以流传这么久呢?

首先，打猎是一件高风险的事情，可能被猛兽反扑，也可能一无所获，凭着随机性占卜，不论结局如何，都可以心安理得地认为是神灵的安排。其次，猎物也很狡猾，总是朝着一个方向去打猎，动物都逃开了。随机选择打猎方向，会让猎物不知到底该往哪里逃。

中国自夏朝开始，国家凡遇战事，都要告于祖庙，议于庙堂，成为一种固定的仪式。帝王在庙堂占卜吉凶，祈求神灵护佑，以巫术假托神的旨意，迫使人们进行战争。

武王伐纣前，先按惯例占卜龟兆，出乎预料的是不仅一占不吉，还有风雨雷电接踵而至，连武王的马也被雷击死了。甚至周公也说: "天不佑周矣!" 这个时候，姜尚占蓍，脚踩龟壳大骂: "枯骨死草，何知而凶?"

古人面对风险，没有更好的办法，只能掷硬币，然后解读这种 "象"。但这种解读带有很大的主观性，基本等于随意解读，为我所用。

宋朝大将狄青受命平叛。当时朝廷中主和、妥协派势力颇强，狄青所部亦有些将领怯战。

狄青起兵祭旗，他手捧100枚铜钱，对众将士说，如果我扔下的100枚铜钱都是正面朝上，则必定是上天恩赐，让我们大胜而归。

许多将军都劝狄青不要这样做，狄青坚持。当他把100枚铜钱扔到地上时，众将士都不相信自己的眼睛，奇迹发生了，100枚铜钱全正面朝上。于是，士气大振。

狄青令人将100枚铜钱钉在地上，派重兵把守，若有人翻动铜钱，格杀勿论。

当狄青获胜班师回朝，把铜钱收回时，有一些将士才发现，这100枚铜钱两面都是正面。

天才们的激情赌局

赌桌是概率问题的天然实验室，但在逝去的5000年中，没有人真正研究这个问题。

直到大约500年前，意大利有一名赌徒叫卡丹诺，好赌博，却输多赢少。卡丹诺博学又精力旺盛，一生写了将近200本著作，这些作品涉及生活的方方面面。

卡丹诺同时还是一名业余数学家，他并不认为输赢是由于运气，这驱使他写出了一本《随机之赌博》的"赌经"。这是人类第一次用数学方法量化风险，控制风险。

《随机之赌博》虽成书较早，却出版甚晚，湮没了差不多100年。

大约350年前，巴黎赌徒德·梅雷骑士向数学家帕斯卡请教了一个"赌徒分金"的问题，这让概率论得以真正创立。

几百年过去了，在贪婪的赌徒、好奇的学者、天才的数学家以及渊博的圣徒共同驱动下，各种概率法则、风险管理工具相继问世。

与统计学一样，风险决策理论也是一种源自赌博的理论。

在人类恐惧、好奇、贪婪的驱使下，数学家、经济学家、哲学家以及赌徒，都在探索与风险相关的决策理论。

几百年来，风险决策理论的演进经过了三个阶段：从最原始的期望值理论（expected value theory），到稍后的期望效用理论（expected utility theory），以及前景理论。

一个人看透了输赢背后更本质的东西，就会明白赌博究竟是在"赌"什么，赌就已经不再是"赌"了。

期望值理论

霍金在《时间简史》里只引用了一个数学公式，因为出版社编辑告诉他，书中每多一个公式，书的销量将减少一半。

本章注定是严重损害销量的一章，跳过本章，并不会影响您对全书的理解。本章内容，可以帮助我们了解前景理论（行为经济学的根基）是多么了不起，而这又绕不开一些基本概念和数字推算。

所谓期望值理论，即人们对于相似条件的备选项，先计算一下每个备选项的数学期望值，然后选择期望值最大那个选项。

它是最原始风险决策的理论，也是一种最简单的风险决策方法。

期望值的计算用数学公式表示为：$EV = K1 \times P1 + K2 \times P2 + K3 \times P3 \cdots \cdots$

其中EV代表期望值，Kn代表选项K的第n种结果所带来的价值，Pn代表第n种结果发生的概率。

期望值理论指出，人们会把期望值最大的可能选项作为自己的最终选择。即面对风险决策，先计算每个选项的斯望值，然后选择期望值最大的那个选项。

现在设一个赌局，给你两种抽签选择：

A. 有10根竹签，任意抽一根都可以奖励8000元。也就是有100%的概率抽到8000元；

B. 有10根竹签，有7根可以奖励10000元，另外3根没有奖励。也就是70%的可能性抽到10000元；30%的可能性什么都抽不到。

请问你会选择哪一项？

对于A选项，其期望值为：

8000×100％＝8000

对于B选项，其期望值为：

10000×70％＋0×30％＝7000

所以，根据期望值理论，大部分人应该会选择A。

期望值理论的不足

期望值理论能否完美地解释人们的风险决策呢？

大约300年前，瑞士数学家尼古拉斯·贝努利（Nicolas Bernoulli）向圣彼得堡科学院提出的一个悖论，即著名的"圣彼得堡悖论"。

你现在可以付钱去参加一个赌局，规则如下：

首先交给庄家一笔赌金，然后庄家掷一均匀硬币，一直扔到正面朝上为止。

如果第一次投掷就是正面，则得奖金1元，游戏结束。

如果第一次出现反面，则掷第二次，如果是正面，因为是第二次，得奖金2元。赌局结束。

如果第二次是反面，接着掷第三次。就这样一直进行下去，每次报酬翻一倍。

连续n次反面之后，第n+1次出现正面，则参赌者将从庄家那里得到2的n次方的卢布并且对局中止。

比如连续8次出现反面，第九次是正面，则参赌者得2的8次方＝256元，而2的16次方＝65536元。

在明白了游戏规则以后，请仔细想一想，你最多愿意预付多少钱来参加这个游戏？

首先，你要考虑这个赌局的期望值是多少。

参赌者赢一元的概率是1/2，赢2元钱的概率是1/4，赢4元的概率是1/8……

设参赌者预付赌金x元，这个赌局的期望值为：（1）（1/2）+（2）（1/4）+（4）（1/8）+（8）（1/16）+……

按照期望值理论，只要我们花的钱比这个游戏的期望值小，那么我们就值得去赌。

$$（1）（1/2）+（2）（1/4）+（4）（1/8）+（8）（1/16）+……-X$$

显然在x前是一个无穷级数的和，这个和无穷之大，因为它的每一项都等于1/2。

按期望值来算，不论庄家提出的预付赌金要求有多高，决策者在"接受"与"拒赌"两个策略之间，合理选择都是前者，即使倾家荡产也在所不惜。

但事实上，鲜有人愿意花超过25元钱来玩儿这个游戏。因为我们知道，想通过一长串的连续反面赢一大笔钱的希望是极为渺茫的，而失去大笔预付赌金的概率极高，因此，在x较大的情况下，接受赌局是极其愚蠢的。

"圣彼得堡悖论"指出了"期望值理论"的缺憾，于是必须寻找更完善的风险决策理论。

期望效用理论

消解"圣彼得堡悖论"的第一个观点是边际效用递减论。

贝努利通过对"圣彼得堡悖论"的分析指出，赌局的结果对于参与者的价值并不等于它的金钱值，而是对于参与者的心理价值。

贝努利把人们对某一结果的主观向往度叫作它的"心理价值"。这一观点后来成为经济学效用理论的基础。"效用"就是由"心理价值"演变而来的。

效用是指消费者对从某一商品组合的消费中得到的满足感的主观衡量。也就是决策者对结果的向往（喜爱）或反感（憎恶）的程度，其衡量单位是任意的。一个单位的效用代表消费者得到了一份主观上的满足感。与它相近的说法有收益、报酬、损失、向往度等。

传统经济学认为效用是边际递减的，即消费者在消费物品时，每一单位物品对消费者的效用（满足程度）是不同的，它们呈递减关系。

比如，对一个饿着肚子的人来说，第一个饼给他的效用最大，第二个饼则没有那么大了，吃到一定程度后，就餍足了。

需要说明的是，边际效用递减并不表示总效用递减。总效用是逐渐递增的，而边际效用衡量的是总效用的递增速率，由于边际效用递减，使得总效用递增的速率逐渐减慢。这并不是一种任意假定的特殊情况，而是反映了一个普遍的理性规律。

风险偏好

消解"圣彼得堡悖论"的第二个观点是风险厌恶论。

一笔小钱对于饥寒交迫的穷人是珍贵的，而对于一个百万富翁则意义不大。即使是同一个人，先穷后富或先富后穷，同一笔钱在不同时期也具有不同的价值。一个人越富有，同一笔钱对于他的价值就越小。

假设你是某小工厂的流水线工人，某天老板灵机一动安排了两种工资支取方式：

A. 每天下班时领取人民币80元。

B. 每天下班后扔一个硬币，如果正面向上你可以领取160元，如果正面向下你这天就等于白干了。两种支取方式由你选择，你愿意要哪一种？

众所周知，扔硬币的结果，正面向上和正面向下的概率是一半对一半。所以，从你实际领取到多少工资的数额来说，两种方式得到的工资的期望值应该是一样的。

两种方式双方都一样不吃亏，以任何一种方式领取工资，无论对于工人还是对于老板，所得和所付应该都是一样。老板不能得到便宜，工人们并不吃亏。

风险偏好就是人对风险的态度，一般分为风险喜好者、风险厌恶者、风险中性者。

> 风险厌恶——即不喜欢风险，在A和B期望值相同的情况下，对上述问题的回答是A。
>
> 风险喜好——即偏好于风险，在A和B期望值相同的情况下，对上述问题会选B。
>
> 风险中性——即不偏好也不规避风险，反映在上述问题中，在A和B期望值相同的情况下，表现出无所谓选A还是选B。

但是面对得失概率等同的两种方式，工人多半会选择A。因为他们绝大多数是经济学所说的风险厌恶者，而不是风险喜好者。老板则不然，他们因为赌得起，往往是风险喜好者。

> 一次电视测验中，一个参赛者正确地回答了问题。然后，主持人要求他在两种得奖方式之中作出选择。
>
> A. 掷一枚硬币，若出现正面，奖金1000元；若出现反面，无奖。
>
> B. 在三个信封中选一个，三个信封分别装有奖金900元、300元、150元。这两个方案的期望值不难计算，所涉及的概率也很简单。掷硬币出现正面的概率1/2；三个信封中抽一个，抽到900元、300元、150元的概率分别是1/3。
>
> 因此A的期望值是：（1/2）+（1000）+（1/2）（0）＝500；B的期望值是：（1/3）（900）+（1/3）（300）+（1/3）（150）＝450。

从期望值大小来看，参赛者应选择A，而不是B，但是由于对风险偏好的不同，人们的选择将大不相同。

期望效用理论

贝努利为了解释人们决策的这一现象，提出了期望效用理论（expected utility theory）。期望效用理论与期望值理论最大的不同在于，期望效用理论认为，人们应该选择的是期望效用最大的那个选项，而不是期望值最大的那个。

期望效用可以用数学公式表示为：

EU＝U（K1）×P1+U（K2）×P2+U（K3）×P3……

其中EU代表期望效用，U（K）是选项K的效用函数，U（Kn）表示选项K的第n种情况的效用值，Pn表示第n种情况发生的概率。

有了期望效用理论，再回过头来解决前面那个"老板和员工打赌"的问题就清楚了。

由于效用函数边际效用递减的特性，我们只要选择一个递减的函数作为效用函数。

通过数学计算就不难证明，A方案对工人期望效用更大。

所以，在期望值相同的情况下，大多数人宁愿选择A。

期望效用理论的不足

期望效用理论提出了边际效用递减的原则，它告诉我们一个理性决策者应该怎么做。

期望效用理论在经济学上是一大进展。但是，人们逐渐发现，现在生活中，期望效用理论也像期望值理论一样，并不能很好地解释人们所有的风险决策行为。

假设你已经拥有10000元资产，某天，你中奖了，可以在下面两项中做出一个选择：

A. 确定性地获得5000元；

B. 请你抛一次硬币，如果正面朝上你能获得10000元，如果背面朝上你将一无所得。

假设你已经拥有20000元资产，某天，你受罚了，必须在下面两项中做出一个选择：

A. 确定损失5000元；

B. 抛出一枚硬币，如果正面朝上你将没有任何损失，如果背面朝上你将损失10000元。

在第一种情形下大部分被试者选择了A。由于边际效用递减，期望效用理论认为大部分人是风险厌恶者，选择A合乎常理，也符合期望效用理论。

在第二种情形下绝大部分被试者选择了B，即选择博一博。为什么在第二种情况下人们变成风险喜好者了呢？

实际上，第一种情况和第二种情况是等价的。

第一种情况：

EU（A）＝5000×100%＝5000

EU（B）＝10000×50%+0×50%＝5000

A和B选项的期望收益都是5000元，最终资产是15000元。

第二种情况：

EU（A）＝（−5000）×100%＝−5000

EU（B）＝（−5000）×100%+0×50%＝−5000

A和B选项的期望收益都是−5000元，最终资产是15000元。

对于同样价值的得失5000元，同样价值的终极资产15000元，如果你是理性的话，你在两种情况下做出的选择应该是一致的，根据期望效用理论都应该是风险厌恶的。

但为什么大多数人在面临这两种完全等价的选择时会有不同的风险偏好，在第一种宁可稳扎稳打，在第二种情况中宁可冒更大的风险呢？

然而，一些非主流经济学家却发现，期望效用理论存在严重缺陷，现实中特别是金融市场里人类的很多决策行为，无法用期望效用函数来解释。行为经济学家和实验经济学家提出了许多著名的"悖论"，向主流经济学发难，像"阿莱斯悖论（Allais Paradox）""股权风险溢价难题""羊群效应""偏好颠倒"等。经济学家开始修补经典理论，修改效用函数、禀赋、技术和市场信息结构等，但迄今没有满意的答案。期望效用理论开始受到怀疑，经济学家们越来越认识到人类行为本身的重要性，认知心理学的概念和分析方法被引入经济分析，同时实验数据起到越来越重要的作用。

　　显然，先前的期望值理论和期望效用理论已经不能很好地解释人们这种矛盾的行为。于是，前景理论应运而生了。

贝努利与圣彼得堡悖论

　　丹尼尔·贝努利出生于18世纪一个竞争过度的天才家族中，该家族共产生过11位数学家。

　　丹尼尔是约翰·贝努利的第二个儿子，也是贝努利家族中最杰出的一位。丹尼尔的大伯父名叫雅各布，就是发现大数法则那位。

　　在雅各布的帮助下，弟弟约翰后来成为了数学家。但后来，雅各布和约翰因为争名而闹得很僵。

　　上一辈的怨恨越积越深，约翰最后甚至发泄到了他的儿子丹尼尔身上。丹尼尔是一名数学家，也是一名物理学家。他曾出过一本很著名的书，对赌场的法罗牌游戏进行分析，顺便发现了"贝努利效应"，这一流体力学原理，后来被运用到了飞机翼的设计中。约翰对儿子的成功没有表现出任何的喜悦之情。1734年，父子俩共同分享了一项法国科学院奖。

　　但是丹尼尔随即被父亲赶出了家门，他抱怨说，这个奖项应该是自己独得才对。

　　1738年，丹尼尔又推出了一部重要的作品《流体力学》。第二年，他的父亲出版了一本内容几乎完全相同的书，署了自己的名字，并且把时间改到了1732

丹尼尔·贝努利（Daniel Bernoulli，1700-1782）

年。约翰用这个小把戏声称儿子剽窃了自己的作品。

丹尼尔·贝努利还有一个比他大5岁的哥哥，他也叫尼古拉斯。尼古拉斯三世自己也是一位杰出的学者。正是尼古拉斯三世带领着丹尼尔开始学习数学，那时丹尼尔只有11岁。作为长子，尼古拉斯三世受他父亲的鼓励，成为了一名数学家，19岁时他成为巴塞尔的哲学博士。

1725年在他30岁的时候被任命为圣彼得堡的数学教授。然而仅一年之后，他就死于某种热病。丹尼尔·贝努利和尼古拉斯三世在同一年得到圣彼得堡的聘任书。

当丹尼尔最终离开自己的父亲去遥远的圣彼得堡工作时，他一定觉得松了一口气。

在那里，他为西化的俄罗斯法庭工作，并写了一篇很有影响力的文章，使20世纪的经济学家们最终接受了克劳德·申农和约翰·凯利的思想。

这篇文章提到了一个虚拟的赌局，是由另外一名贝努利家族的天才、丹尼尔的堂兄尼古拉斯设计的。尼古拉斯是巴塞尔大学的法律学博士。这个赌局就是圣彼得堡悖论。

从此之后，不断开始有人关注这个问题。约翰·梅纳德·凯恩斯在1921年发表的"概率论"提到圣彼得堡悖论是每一位20世纪经济学家的精神大厦的组成部分。在诺伊曼和摩根斯坦的"游戏理论和经济行为"一书以及在肯尼斯·阿罗、米尔顿·纲雷德曼和保罗·萨缪尔森的论文中，贝努利的赌注论都曾经被提及。

丹尼尔一直在圣彼得堡执教到1733年。随后他回到了故乡巴塞尔，在那里成为了物理和哲学教授。他是被彼得大帝邀请到俄国的首批著名学者之一，彼得大帝希望借此能将自己的新首都建成一个知识分子活动的中心。根据高尔顿的记载，丹尼尔·贝努利是"物理学家、植物学家、解剖学家，还是有关流体力学的作家，并且是一位很早熟的人"。丹尼尔·贝努利还是权威的数学家和统计学家，尤其对概率感兴趣。

第3章

心智拼图

——前景理论之"价值函数"

让蹩脚的交易员放弃头寸，比让他们离婚还难！

——华尔街格言

据说，人是一种理性的动物。我一生都在为这种说法寻求证据。

——伯特兰·罗素

2002年，学术界发生了一件奇怪的事。

这一年的诺贝尔经济学奖居然授予了心理学家丹尼尔·卡尼曼。请注意，是"经济学奖"授予了"心理学家"！

这种跨界送奖的事情并非第一次发生，另一次诺贝尔经济学奖跨界送的事儿发生在了数学家纳什身上，因为他发现的"纳什均衡"，成为了博弈论里的一个重要理论。纳什的传奇故事，被拍成了电影《美丽心灵》。

经济学为了强调自己的科学性，把奖项颁发给数学家并不奇怪，"经济学帝国主义"嘛。但心理学作为一种"软科学"，在西方学界并不受重视，就如同"理聪"对"文傻"的歧视，不少人认为，天赋不够的人才去研究心理学。而这个卡尼曼有何神奇，获得了经济学界的青睐？

价值函数

原来，卡尼曼的贡献在于他提出的"前景理论"，该理论用两个简洁的函数，呈现出了人类的行为倾向。

一个函数反映了人类的"心智拼图"，另一函数则概括了行为经济学的终极奥义，我们先看第一个。

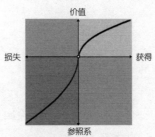

前景理论假设的"价值函数"

前景理论是美国犹太裔心理学家卡尼曼和他的老乡特韦斯基在1979年提出的。前景理论假设的"价值函数"可以用一副极简的函数图呈现。

在前景理论成为一门显学之前，就已经被国内学者译介过，一般翻译为"展望理论""视野理论""预期理论"等，都属于意译。意为在不同的风险预期条件下，人们的行为倾向是可以预测的。

现在，前景理论已经成为一门显学，所有关于行为经济学的著作，都绕不开这个理论。著名财经编辑伯恩斯坦在采访卡尼曼时，曾问他为什么将这个理论称为"前景理论"。卡尼曼说："我们只想起一个响亮的名字，让大家记住它。"

前景理论7原理

铜与柔软的锡、铅融合，诞生了坚硬的青铜。经济学和被称为"软科学"的心理学交叉，诞生了一门显学——行为经济学。

行为经济学这门学问可是奇硬无比。曾有人预言，未来所有的经济学都是行为经济学，就如同现在所有的公司都是互联网企业一样。

前景理论由7个原理组成，本章先介绍前三个：

1. 确定效应

在确定的好处（收益）和"赌一把"之间，做一个抉择，多数人会选择确定的好处。

2. 反转效应

在确定的坏处（损失）和"赌一把"之间，做一个抉择，多数人会选择"赌一把"。

3. 损失厌恶

多数人对损失比对收益更为敏感。

前景理论是对经济学的一个重要内容——风险决策理论的修正。关于风险决策理论，上一章已有比较详细的介绍。

确定效应：二鸟在林，不如一鸟在手

所谓确定效应，就是在确定的好处（收益）和"赌一把"之间，做一个抉择，多数人会选择确定的好处。用一个词形容就是"见好就收"，用一句话打比方就是"百鸟在林，不如一鸟在手"。

面对确定的获得，人类是风险厌恶者

先来看一则测试：

A：你确定能得到10万元奖励。

B：你有80%可能得到15万元奖励，20%可能一无所获。

你会选A，是吧？

但按照传统经济学的假设，你应该选B。因为B的期望值比A的大。

这说明，人们在面临两种收益的时候，大多数人是保守派。人们见好就收，小心翼翼，生怕煮熟的鸭子会飞掉。

用特韦斯基和卡尼曼的专业术语表述，这叫"确定效应"（certainty effect）。也就是说，二鸟在林，不如一鸟在手。

"安全感"的迷徒

日本作家村上春树提出过一个概念：小确幸，即微小而确定的幸福。这很能迎合人类的天性，渴望确定、求稳。

人类在面对不确定的时候，会产生焦虑感。这种焦虑非常不舒服，会严重干扰我们的判断。而确定感、安全感，则会对我们产生强大的诱惑力。

"确定效应"表现在投资上就是投资者有强烈的获利了结倾向，喜欢将正在赚钱的股票卖出。

投资时，多数人的表现是"错则拖，赢必走"。在股市中，普遍有一种"卖出效应"，也就是投资者卖出获利的股票的意向，要远远大于卖出亏损股票的意向。这与"对则持，错即改"的投资核心理念背道而驰。

小贴士：虚拟确定效应

营销学里，有一种促销手段类似确定效应，姑且称之"虚拟确定效应"。

比如，一家洗衣店打出告示，一次洗三件，可以免费洗一件。

这种让利方式要好于平均降价25%。对人民群众来说，完全免费，要比打个折扣更具有吸引力，虽然羊毛出在羊身上。

面对忠实的、可靠的、确定的事物，我们是踏实的、宁静的、幸福的、有安全感。面对暧昧的、飘忽的、不确定的事物，我们是焦虑的、折磨的、爱恨交织的。

这是不是说，人们一定就不喜欢把心悬着，讨厌不确定，害怕风险？

非也！人性其实复杂得多。

只要我们把前提改变，剧情就会发生反转。

反射效应：两害相权赌一把

按照进化论的模型，人类能够幸存的概率无限接近于零。

这说明，我们都是幸运儿的后裔。我们的祖先是经历了无数的侥幸才幸存下来的。这也驯化了我们一种本能：我们相信命运是会站在我们这边的！

当我们的损失确定时，伸头是一刀，缩头也是一刀，我们内心的赌性就会被激发出来。

此时，我们的本能会推动我们赌一把，"置之死地而后生"。用特韦斯基和卡尼曼的专业术语表述，这叫"反射效应"（reflection effect）。

暴露了的赌徒本质

面对两种损害，你是选择躲避呢，还是勇往直前？

当一个人在面对两种都损失的抉择时，会激起他的冒险精神。在确定的坏处（损失）和"赌一把"之间，做一个抉择，多数人会选择"赌一把"，这叫"反射效应"。用一句话概括就是"两害相权赌一把"。

让我们来做这样一个实验。

A. 你一定会赔30000元。

B. 你有80%可能赔40000元，20％可能不赔钱。

你会选择哪一个呢？投票结果是，只有少数人情愿"花钱消灾"选择A，大部分人愿意和命运抗一抗，选择了B。

传统经济学中的"理性人"会跳出来说，两害相权取其轻，所以选B是错的，因为（－40000）×80％＝－32000，风险要大于－30000。

现实是，多数人处于亏损状态时，会极不甘心，宁愿承受更大的风险来赌一把。也就是说，处于损失预期时，大多数人变得甘冒风险。卡尼曼和特韦斯基称之为"反转效应"（reflection effect）。

"反转效应"是非理性的，表现在股市上就是喜欢将赔钱的股票继续持有下去。统计数据证实，投资者持有亏损股票的时间远长于持有获利股票。投资者长期持有的股票多数是不愿意"割肉"而留下的"套牢"股票。

人类对损失的态度则是清晰的、决绝的；对风险的态度是暧昧的、爱恨交织的。人类总是痛恨失去，并不一定怕风险。面对确定的损害，我们的赌徒本质就会暴露。

为了小损失，甘冒大风险

当人类面临的选项只有损失时，内心的怪兽就可能醒来。战场上常常会采取破釜沉舟的策略，来激发士兵的斗志。

人们甚至会在为了避免很小的损失，而甘愿冒很大的风险。有个年轻人，开车撞伤了一位女士。他有两个选择：

A. 下车，拯救伤者，确定赔偿。

B. 逃逸，有可能免于赔偿。也有可能面临更大的惩罚。

这个年轻人在突发事件面前，本能战胜了理性。他为了逃避责任，下车把女士刺死。然后驾车逃逸。案件的结局是年轻人被执行死刑。这是一场社会悲剧，也反映了人的非理性。

损失厌恶：夸大自我损失的价值

人类祖先一方面要去觅食，一方面还要防止被掠食。

假设你是一名原始人，将要进行一项冒险：有50%可能让你猎杀一头大象，也有50%殒命。

客观而言，这种冒险是值得的。但在你自己看来，就算给你全世界的食物，你也未必肯卸掉自己的一只脚，更别说失去生命。

用行为经济学的专业术语表述，这叫"损失厌恶"（Loss aversion）。

人类不但有"厌食症"，更有"厌损症"——损失反应过敏症。这种症状非常普遍，几乎每个人都难以幸免。

有人的地方就会有恩怨

科学家已经探明，"损失厌恶"起作用的关键部位，在大脑的杏仁核。大脑杏仁核与人类恐惧情绪的生成关系密切，它可以在一定程度上抑制冒险。

我们对自己的东西，会赋予更高的价值。这样"偏心"地权衡得失，对人类的生存来讲是一种明智。

打个浅白比喻就是：白捡100元的快乐，无法抵消丢失100元所带来的痛苦。

如果你认同这个判断，就会发现朋友之间的恩怨多是由此而生。

因为我们会不自觉地夸大自己对别人的帮助，缩小别人对我们的帮助。别人对我们的算法，也是有偏差的，这样的偏差累计多了，就会有恩怨。

赠予效应

有一个著名的实验，出自芝加哥大学的泰勒教授。

泰勒在康奈尔大学任教时，随机找了一批大学生做自己的实验对象。泰勒把这些学生分成两组，分别安排在两间教室。

泰勒从学校的商店里买了一批印有康奈尔大学LOGO的马克杯，这些杯子的零售价5元。为了做实验，泰勒把这些杯子的价签事先全都撕下了。

在第一间教室，泰勒将杯子分给了教室内的同学，告诉他们说，这些杯子是白白赠给他们的。

随后，泰勒教授来到了第二间教室，召开了一个小型"拍卖会"。他告诉这些同学，他要卖给他们每人一个杯子，问他们愿意出多少钱买这个马克杯。泰勒给出的指导价是0.5-9元。

接着，泰勒又来到了第一间教室。泰勒说：不好意思，同学们，学校今天要组织个小型联谊会，杯子不够用了，需要从你们手里回购一些马克杯。请你们写出一个你们愿意出售的价格。

第一间同学给出的平均出售价是7元钱；而第二间教室同学给出的平均购买价只有3元。

这个实验结果，反映的是一种人类的通病：所有权眷恋症。泰勒称之为赠予效应（Endowment Effect）。

拥有再失去，比从来没有过更痛苦

赠予效应这个概念，也可以翻译为"禀赋效应"。动物的"禀赋效应"，可能是进化过程中产生的一种自我保存的机制。动物更在乎已经得到，而不是可能得到的。

赠予效应甚至可以解释赖账的心理。借入的时候，可能很开心，但还钱时候的痛苦一定大于这种开心。

尽管我们都是赤条条地来到这个世界，倘若让我们再赤条条地走，那无论如何也是一件痛苦的事情。

正如东野圭吾在《白夜行》中写的："曾经拥有的东西被夺走，并不代表就会回到原来没有那种东西的时候。"

谁是20世纪最具影响力的经济学家

谁是20世纪最具影响力的经济学家？

是凯恩斯、马歇尔、萨缪尔森，还是弗里德曼？

根据文献被引用次数、支持人数，以及对所属专业的影响来说，以上诸公都算不上。

对一个学者的评价，说到底还需"同行公议"，也就是你的研究成果被别人引用的次数。

以此来看，这个荣誉应该授予心理学家卡尼曼和特韦斯基。此二位的贡献在于发掘人类那些欠缺理性思考和最优化的经济行为。

卡尼曼和特韦斯基是老乡，都是美籍犹太人。卡尼曼和特韦斯基又是老校友，两人都曾就读于希伯来大学，同时，卡尼曼和特韦斯基又是老战友，两人都曾加入以色列国防军服役。最后，两人都移民美国，特韦斯基在斯坦福大学的心理学系任教，卡尼曼在普林斯顿大学任教。

特韦斯基智勇双全，在服役期间，曾经奋不顾身地拯救过战友，并因此荣获以色列最高英勇奖章。这让他对经济学的经济人假设更加怀疑。

特韦斯基谦虚地表示，自己在学术上的成就卑之无甚高论。这些知识是一些广告人、房产掮客早就明白，并暗中恪守的，自己只是利用科学的方法加以归纳而已。

第4章

参照依赖
——独立评判与联合评判

与其说我们挑选的是选项本身，倒不如说我们挑选的是选项的说法。

———阿莫斯·特韦斯基

乐观者与悲观者的唯一区别是，乐观者看到的是甜甜圈，而悲观者看到的是甜甜圈中的小洞。

———奥立佛·斯通

摩根财团的创始人——老摩根从欧洲来到美洲时，最初做的是卖鸡蛋的小生意。老摩根卖鸡蛋时从来不自己动手，总是叫老婆拿给顾客。为什么这样呢？

老摩根认为，自己手大，老婆手小。而大手拿显得鸡蛋小，小手拿显得鸡蛋大。一个将人类行为揣摩到极致的人，想不赚钱也难吧。

这一章探讨的，就是前景理论的第4个原理：参照依赖。

黑白齐物论

我说北京气候宜人，南方人是肯定不以为然的。

可是，你曾听大西北的人这样聊天吗："今年是个暖冬，才零下三十多度。"

又或者大东北人聊天："开春儿了，天暖和了，都零下十几度了。"

对于生活在这些地方的人，北京就是温暖的南方啊。

有一种牙膏的商标是"黑人"，并不是说黑人的牙齿比其他人种更洁白，只是显得更白而已。这就是一种参照的效果。

您正在读的这本书的黑色字体，也是和白色对比的结果。您看到的"黑色"，其实并不是黑色。所谓的黑色，是纸张留白部分映衬的结果。如果我们用一种微雕技术，把这些油墨印成的字从纸上抠出来，放在阳光下看，会是什么颜色？它很可能是一种深蓝色，也可能是一种藏青色、褐色，甚至如缤纷的彩虹。但绝不会是你现在看到的这么黑。

心理学家曾经做过一个实验。在一间黑暗的密室里，坐了几十名受试者。讲台放了一张桌子，桌子上铺了一张纯白的桌布，桌布上放了一只灰色的碟子。

这时，聚光灯突然亮了，光柱仅仅打在碟子上。

实验者问被试者，你们看到碟子是什么颜色。台下回答：是白色。

实验者将聚光灯熄灭了。接着，另一盏特殊的聚光灯亮了。这次灯光只射向碟子周围的桌布。

实验者问被试者，你们看到碟子是什么颜色。台下回答：是黑色。

其实，被试者看到的是同一只碟子。

"所谓黑，就是周围有光环的白。"实验者最后总结。

这是不是很有庄子"齐物论"的味道？

贵与贱，得与失，美与丑，左与右，善与恶……都是比较的结果，用句俗话来讲，就是"没有比较就没有鉴别"。

参照依赖：没有比较就没有鉴别

如果你喜欢苹果胜过橘子，喜欢橘子胜过葡萄，那么你不能喜欢葡萄胜过苹果。这是传统经济学所做的假设之一。

行为经济学则证实，不同参照点（或参照系），会影响人们的选择与判断，这正是前景理论所要阐述的第4个原理。

参照依赖

多数人对得失的判断往往根据参照点决定。

一般人对一个决策结果的评价，是通过计算该结果相对于某一参照点的变化而完成的。人们看的不是最终的结果，而是看最终结果与参照点之间的差额。

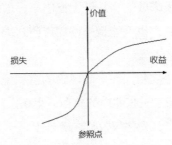

前景理论中假定的价值函数：得与失对人所产生的心理价值是不对称的。

一样东西可以说成是"得"，也可以说成是"失"，这取决于参照点的不同。非理性的得失感受会对我们的决策产生影响。

同侪悖论

传统经济学认为金钱的效用是绝对的，行为经济学则告诉我们，金钱的效用是相对的。这就是财富与幸福之间的悖论。

假设你现在面对这样一个选择：在商品和服务价格相同的情况下，你有两种选择：

A. 其他同事一年挣6万元的情况下，你的年收入7万元。

B. 其他同事年收入为9万元的情况下，你一年有8万元进账。

卡尼曼的这调查结果出人意料：大部分人选择了前者。

事实上，我们拼命赚钱的动力，多是来自同侪间的嫉妒和攀比。

我们对得与失的判断，是来自比较。

我们是贫穷，还是富裕，是同周围人比较得出的结论。正如一则美国谚语说的：只要你每年比你连襟多赚1000块，你就是个有钱人了。不妨把这种现象称之为"同侪悖论"。

九天之上还有九天，九渊之下还有九渊。

我们快乐和不快乐的根源，都是和别人去攀比。向下攀比是幸福的，向上攀比是痛苦的。

诗人纪伯伦写道：当我哭泣没鞋穿的时候，却发现有人没有脚。

这种主动"向下看齐"的做法，是对抗人生不幸的一种技术。

然而，在这个世界上，找个比你强的或不如你的人，太容易了。所以，只有和同龄、同阶层的人攀比才有意义。

有两家规模和前景一致的公司，都向你发出了聘任邀请，让你去做他们的主管。

 A. 公司10名主管，年薪都是是100万。而你年薪85万。

 B. 公司10名主管，年薪都是是75万。而你年薪80万。

你是希望去A公司，还是B公司呢？

同一件事，我们从不同的角度去看，可以说它亏了，也可以说它赚了。
我们对得失的判断，是由参照点所决定的。

参透得与失

到底什么是"得"，什么是"失"呢？

你今年收入20万，该高兴还是失落呢？假如你的奋斗目标是10万，你也许会感到愉快；假如的目标是100万，你会不会有点失落呢？

所谓的损失和获得，一定是相对于参照点而言的。卡尼曼称之为"参照依赖"（Reference Dependence）。

不须进行烦琐的论证也容易理解——得与失都是比较出来的结果。

传统经济学的偏好理论（Preference theory）假设，人的选择与参照点无关。行为经济学则证实，人们的偏好会受到单独评判、联合评判、交替对比以及语意效应等因素的影响。

综合前景理论的4个原理，可以推论：改变参照值，就能改变人们对得失的判断，从而改变他的风险偏好。

假设你买彩票中奖了，税后500万。一家人开始计划如何用这500万进行投资。最后大家把目光落在对两个都需要投资500万的方案上：

 A. 方案：加盟肯德基，五年后肯定盈利200万。

 B. 方案：开一家海鲜酒楼，有50%的可能性五年盈利300万，50%的可能五年盈利100万。

家庭成员大多数人是风险厌恶者，会选择A方案。只有你对B方案情有独钟，你该怎么说服他们？

你可以通过改变盈利目标（参照值）来改变大家的偏好。

你可以向他们"摆事实、讲道理"，证明500万投资某种稳赚不赔的基金（国债），所赚都能超过200万，虽然加盟肯德基比较保险，但回报率还是显得太低。假如这样说得通，你实际上是将盈利目标提高了，比如说250万，那么方案A就像是少赚了50万，而B要么刚超过目标50万，要么少赚150万，这时候两个方案的期望值都是负的。

据前景理论，人在面临损失的预期时，就有赌一把的冲动。这时选择有风险的投资方案B的可能性将大大增加。

"诳"架效应

不论是在管理，还是在战争、谈判等方面，低标准的目标往往使人谨慎行事，高标准的目标往往使人敢于冒险。我们可以通过调整参照值影响人对得失的判断，从而调节他们的风险偏好。

一种来自亚洲的瘟疫即将在美国蔓延，预计600人面临生命威胁。

目前，应对疾病的方案A和B已经提出，实施A和B方案的后果科学估计如下：

现在有两个备选计划来化解这场危机：

A. 计划：会有200人获救。

B. 计划：会有33%概率所有人都获救，67%概率所有人都死掉。

试问，你会选择哪个方案？

在这个实验中，更多的被试者选择了A计划。这两个方案的"数学期望值"其实是一样的。

接着，让我们再看另外两个解救方案：

C计划：600人中会有400人死去。

D计划：33%的概率没有人死亡，67%的概率所有人都会死亡。

这个实验中，更多的被试者选择了D。

这其实只是个文字游戏，把相同的方案用不同的方式来表述。

实际上，A、B、C、D的结果是等同的。A和B属于积极描述，C和D属于消极描述。但在第一组实验中，绝大多数人选方案A，因为A属于"确定的收益"。而在第二组实验中，C是"确定的损失"。这些实验，除了证实前景理论中提出的人们偏爱"确定"，不喜欢"受损"，但面临损失时，却又愿意"赌一把"外，还提出了一个更为关键的问题：人们面对同样的结果，不同的表述方式，会导致风险偏好发生逆转。

同一个意思，用不同的辞令表达，但它带给受众心理感受是明显不同的。通过"语意效应"处理公共事务，是媒体和政治家的常用手段，也是必须掌握的技巧。

这个案例源自卡尼曼和特韦斯基于1981年在《科学》杂志发表的一篇文章，名为《决策的表述方式和选择的心理》。其中的一个实验"亚洲疾病问题"，如今已经成为关于"语意效应"（或曰"框架效应"）的最经典实验。

对此，特韦斯基和卡尼曼提出了"框架"这一概念，他们认为，"框架"是由提问题的形式（语意），以及社会风俗、决策者的性格所决定的。不同的提问方式，会产生不同的效果。

同一个意思，用不同的辞令表达，固然属于"术"的范畴，但它带给听者心理冲击是明显不同的。也许，把这种效应称为"诳架效应"或许更能体现它的本质。

交替对比

行为经济学的先驱，已经仙逝的特韦斯基，曾经做过类似这样一个实验。

选出5种微波炉，拿给被试者选购。这些人仔细研究这些产品后，有一半的人比较钟情于其中的两种：一种是三星微波炉，售价110美元，7折出售。另一种是松下A型微波炉，售价180美元，7折出售。

在作出具体选择时，有57％的人选择了三星，另有43％选择了松下A型。

　　同时，另一组人应要求3选1。包括上面两种产品，以及另外一种松下B型微波炉，售价200美元，但要9折出售。

松下B型的价格显然不像另外两种那么优惠，但却使偏向松下A型的人显著增加。约有60％的人选择松下A型，27％的人选择了三星，另外13％选择了松下B型。

特韦斯基解释说，这是"交替对比"的结果。也就是各种选择之间的利弊相比，会使某些选择显得更有吸引力，或是吸引力为之减少。

客观上讲，我们对一样事物的评价不应该受到与这种事物本身无关因素的影响，也不应该受到评估方式的影响，但事实上这却是难以做到的。正所谓"人比人该死，货比货该扔"。

中杯效应

某些商品，大份与小份之间成本基本无差别。比如咖啡，大杯与小杯之间的成本差至多不过几毛钱，但是其定价却相差甚远。商家为了促销，常在促销手段上玩点花样。

　　假设某咖啡馆推出一款咖啡：大杯（20盎司）19元，中杯（16盎司）14元，小杯（12盎司）12元。

　　理性之选应是"小杯"。除非是对咖啡特别上瘾的人士，小杯咖啡一般可以满足自己的需求。

　　但是，事实上在"大杯"和"小杯"两个参照值的作用下，大部分人认为选择"中杯"是最稳妥的。所以，人们经常选择"中庸之道"而忘记了真实的需求。

我们买饮料或其他消费品的时候，经常有大、中，小三种型号，很多人首先会在价格比对的刺激下，选择中号商品。我们把这种选择"中庸之道"而忘记了真实需求的现象称为"中杯效应"。

特韦斯基通过实验证明：

如果A优于B，大家通常会选择A。

但是，如果B碰巧优于C，而且其优点A是没有的，那么许多人就会选择B。

其主要的理由就是与C相比，B的吸引力显著加强了。

陪衬品只是"药引子"

很多房地产中介，会毫无怨言地带领客户去到处看房，有时会故意带客户看两间条件一样、价格明显不同的房子。其实，中介心里很清楚，有些路并不是白跑的，那间同样条件、价格贵一些的房子只是个陪衬品，是促使客户签单的"药引子"。

这里再介绍一种"中杯效应"的升级版。比如，某超市卖有四种不同规格的松露牌消毒液。

第一种180毫升，18元。

第二种330毫升，32元。

第三种330毫升，32元。附赠一瓶120毫升的非卖品。

第四种450毫升，52元。

很明显，第三种和第四种相比，净含量是一样的，却便宜了10元钱。第三种和第二种相比价格一致，却多出了120毫升。

消费者可以很明显地感受到这是一种优惠。相信会有很多需要这种消毒液的消费者会选择第三种，第二种和第四种基本不会有什么销量，只是陪衬品。

厌恶极端

让我们看看另一项相关的实验得出的一个有趣的结论：

心理学家要一组参与实验的人，在两种美能达相机之间做选择，一种是售价1700元的A机型，另一种是售价2300元的B机型。

结果，选择两种机型的人各占一半。

另一组人则必须在3种机型之间作选择，除了上面这两种机型外，加上另一种售价4600元的C机型。

也许您会觉得，除了选C型的人以外，剩下的人选择另外A型和B型的仍然各占一半。

结果，出人意料第二组有很多人改选了价格适中的B机型，比选择最便宜A机型的人多出了一倍。

如果在一批选项中，出现了一个中庸的家伙，一般人比较可能青睐它，而不会选择极端。

行为经济学这种现象称为"厌恶极端"的心理，也就是"中杯效应"。

某厂家推出两款豆浆机，容量、功率相同。

A型：368元，塑料外壳，干豆豆浆，湿豆豆浆和米糊功能。

B型：668元，不锈钢外壳，干豆豆浆，湿豆豆浆和米糊功能。

显然，只是外壳材质不同，价格相差将近一倍，很多消费者宁愿选择塑料外壳的A型。为了推动B型豆浆机的销售，厂家请来了营销策划公司。营销公司建议厂家向市场投放少量的C型豆浆机。

A型：368元，塑料外壳，干豆豆浆，湿豆豆浆和米糊功能。

B型：668元，不锈钢外壳，干豆豆浆，湿豆豆浆和米糊功能。

C型：968元，不锈钢外壳，干豆豆浆，湿豆豆浆和米糊功能，液晶面板。

这个建议在理论上是可行的。在这三个选项里，顾客选B的可能性大大增加。当然，实际的营销效果还会受到其他因素的影响，比如同行的竞争，消费者的营养观念（不锈钢和豆浆是否会产生化学反应）等，这不在本书探讨的范围。

选择恐惧症

心理学上有所谓"选择恐惧症"（也称作选择困难症）的说法。这其实也反映了人类的参照依赖。

有的人会在买手机、手提电脑的时候比较来比较去。甚至一台旧手机用了很久也不换，主要是因为拿不定主意该买哪款新手机。

甚至有的网友自曝，自己在超市决定买哪一把勺子都会踌躇一下午。

2300多年前，亚里士多德就曾向一条理性的狗发问：面对两根同样美味、等质量、等距离的肉骨头，你该怎样做出理性的选择？

传统经济学假设的"经济人"，仿佛是一台智能机器人，具有无限理性、无限意志力，并且无限自私。但在真实的世界，绝不存在"经济人"这样的物种，因为它只有一条出路：在美味的肉骨头前饿死。

孟子很洒脱："鱼，我所欲也，熊掌，亦我所欲也，二者不可得兼，舍鱼而取熊掌者也。"

现在，我们把三样东西摆在孟老夫子面前：鱼、熊掌、极品鱼翅。

鱼，因为没说明到底什么鱼，姑且排除掉。

熊掌很罕见：可以祛风除湿、健脾胃、续筋骨。

极品鱼翅也很罕见：味甘咸性平，可以益气、补虚。

我们请孟老夫子做三选一，孟子会怎么选？

传统经济学的假设之一是，你喜欢鱼胜过鱼翅、喜欢熊掌胜过鱼，那么你就不能喜欢鱼翅胜过熊掌。

但事实证明，人类大脑不堪如此复杂的比较与选择。

在星巴克要买小杯咖啡

在北京，星巴克原本有三种规格：大杯、中杯、小杯。

可是，后来菜单上的小杯消失了，只剩下中杯、大杯和特大杯。

我去互联网查了一下，原来是"与国际接轨"了。

在美国，星巴克出售的咖啡都分为三种规格：高杯（12盎司），大杯（16盎司）和超大杯（20盎司）。美国星巴克的菜单上并未列出"小杯"，也很少有顾客知道星巴克还有这种"小杯"的存在。但是，如果你一定要找服务生要"小杯"，就能得到老式的8盎司杯装咖啡。

星巴克的"菜单革命"或许有其难言之隐。

"小杯"曾是星巴克很畅销的一款产品，但小杯赚钱"太少"。小杯卡布其诺的售价比12盎司的高杯少30美分，但浓咖啡的量是一样的，又因为它包含的奶泡较少，味道更为浓烈，不少咖啡迷都喜欢，这就导致了"中杯效应"的失效。

第5章

金昏瓦巧
——前景理论之"决策权重函数"

投之亡地然后存，陷之死地然后生。

——《孙子·九地》

上帝洞悉未来之事，常人看到眼前之事，智者看到即将发生之事。

——斐洛斯特拉图斯

按照传统经济学的假设，人是理性的，对待风险的态度也应该是稳定、一致的。

显然，这是不符合实际的。

偏好大逆转

本书开头那位古怪又无聊的大亨，又出场了。这次他和电视台合作开设了一场俄罗斯轮盘真人秀，赏金飙升至100亿美元。

舞台中央有一个幸运转盘，转盘等分为六个格，分别标注为1、2、3、4、5、6。主持人将依照转出的结果，给左轮手枪上子弹（比如，转盘停在3上，手枪里就装3枚子弹，停在2上，就装两枚子弹），交给节目主持人。

插播了一段广告后，主持人转了转手枪的弹匣，并用它直指着参赛者的太阳穴。主持人扣动扳机前，大亨突然提议：补充一条规则，参赛者可以买走一颗弹匣里的子弹。注意，仅仅能买走一颗。

假设你是一位"有幸"被选中的参赛者。你可以和主持人商量一个价格，让他随机从左轮里取出一枚子弹，你则递给他一叠钱。然后，他会再次转动左轮，指着你的脑袋扣动扳机。

A. 假如弹匣里只有1枚子弹，你愿意花多少买下那枚子弹？

B. 假如手枪弹匣有4枚子弹，你又愿意花多少钱买走一枚子弹呢？

显然，在A情况下，倾家荡产也得把那枚子弹买下。B情况下，则有点无所谓。

这个赌局，是著名的"阿莱悖论"的翻版，它已经触及行为经济学最深前沿的部分。

"金昏瓦巧"悖论

关于风险偏好的逆转，中国传统典籍里不乏吉光片羽。

2000多年前，庄子曾通过一个赌博的例子，来揭示这种逆转。

一名赌徒参与赌博，当他用瓦器作赌注时，因为赌注廉价，所以下注就很胆大，没有什么精神压力，赌技正常发挥得淋漓尽致，常能巧中。

当这名赌徒以带钩为赌注时，这个时候赌注就变大了。赌徒既希望赢取别人的赌资，又害怕自己折本。这个时候难免患得患失，表现就逊色多了。

当这名赌徒以黄金为赌注的时候，因赌注特别昂贵，他特别担心损失。此时的赌徒心中就慌乱无主，表现大失水准。最后，庄子借孔子之口说："凡外重者内拙。"

这个"金昏瓦巧"的譬喻，能否经得住实践的检验呢？

2000多年后，美国有位名叫丹·艾瑞利的行为经济学家，通过实验验证了这个假设。

丹·艾瑞利找来了一帮印度人来做实验，因为他觉得印度人收入水平较低，同样是1000美元，对美国人和印度人的心理冲击效果肯定是不一样的。

丹·艾瑞利为这帮印度人安排了一份美差——让他们去打游戏，并且根据游戏得分拿奖金。

他尝试了从低到高一系列不同的奖金设置，看看玩家的成绩有什么变化。

随着奖金上升，成绩会不会越来越好呢？

当然是，重赏之下必有勇夫嘛！

但是，当奖金高达某一个数值后，奖金的激励效果就消失了。甚至游戏玩家的成绩不仅不会上升反倒会下降——赏金越多，游戏参与者的表现就越糟糕。这个实验证明了庄子的譬喻是准确的。

"金昏瓦巧"其实也是企业管理中的一个激励悖论。如果开出的赏格开得太高了，员工又会被这种赏格所捆绑，无法发挥出最佳状态。

决策权重函数

按照传统经济学的假设，一个理性的人，当他面临的死亡概率每减少1/6的时候，他的主观感受应该是一成不变的。事实显然不是这样。

由此，引出了反映人类行为终极奥义的一幅图：

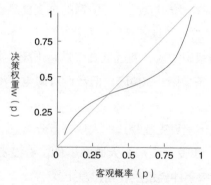

前景理论的决策权重函数（1992版），该函数具有非线性的特点，即，人们对客观概率的感受性是呈"倒S"形的。

值得一提的是，卡尼曼和特韦斯基的这个决策权重函数，历史上有过多个版本，上图为1992年版。该版本的实验是在中国大陆进行的，因为那个时候中国人的收入水平普遍较低，而实验提供的"赌注"超过了中国人当时三倍的工资。

决策权重函数 π 具有非线性的特点，即，人们对客观概率的感受性是呈"倒S"形非线性的。面对风险时，一个普通人会呈现五种人性。

> 面对小概率的损失，人类是风险厌恶者。
>
> 面对小概率的获得，人类是风险追逐者。
>
> 面对确定的获得，人类是风险回避者。
>
> 面对确定率的损失，人类是风险追逐者。
>
> 面对大概率的损失，人类是风险追逐者。

低估大概率损失

人类会通过藐视风险，来降低焦虑感。时间久了，行为就会出现偏差——低估大概率风险。

前景理论原理之5：面对大概率的损失，人类是风险追逐者

我们常常对不可能发生的事情杞人忧天，却对很可能发生的事情"自我催眠"，视而不见。这其实是来自祖先的生存经验。

古猿极少得糖尿病，因为石器时代的饮食结构和今天大为不同。一些营养学家认为精米、精粉、精糖是垃圾食品，但所谓的全麦食品也好不到哪里去。因为一些人其实是对麸质过敏的，只是自己不知道罢了。

现代社会，死于糖尿病的人，要远远高于被雷击死、被水淹死的人。前者比后者的死亡数字，高了多少倍？300倍！但我们对雷电、洪水的恐惧，要远高于对糖和脂肪的恐惧。

索罗斯曾说过，股市里真正能赚钱的人只有万分之三。

反过来理解就是，炒股亏钱是个大概率事件。看投资者的表现，就可以明白，大众不会相信大概率事件会发生在自己身上。

国内大部分股民都认同"一赚二平七亏损"的现实，90%的可能性不赚钱已经是个大概率事件。君子不立于危墙之下，此时你应该远离股市。"股市有风险"的劝诫犹在耳边，但还是很多人一边诅咒，一边对股市趋之若鹜。

投资者会想：凭什么亏损的就是我呢？

从漫长的进化史来看，我们只是一群昨夜才走出洞穴，穿上西装、走进股市的现代裸猿。

高估小概率损失

上古的梦魇，还潜伏在今天的基因里。

我国女性，生完孩子的产褥期要"坐月子"。不少高人指出：坐月子是迷

信，人家美国妇女生完孩子就下地乱跑，还喝凉水。

但是，现代大多数国家，都会给产妇放一个很长的产假，有的国家甚至长达52周。这不过是另一种"坐月子"形式。

在远古，女人死于妊娠是很普遍的现象。甚至近代，在卫生条件落后的情况下，生孩子也是高风险的。现代的医疗条件已经比较完善，但全世界的女人对妊娠都有一种本能的恐惧。

前景理论原理之6：面对小概率的损失，人类是风险厌恶者

生命是一场华丽的冒险，我们无时无刻不处于风险之中。

飞机是当今世界上最为安全的交通工具。尽管事故出现率很低，但由于飞机一旦出事，所产生的后果往往是毁灭性的，所以很多人都认为飞机是很危险的交通工具。

一份研究显示，美国约2500万人患有不同程度的飞行恐惧症，有的只是轻微的紧张，有的则是极度恐惧，甚至想尽办法不坐飞机。这2500万人当中约有一半人害怕飞机从天上掉下来，另一半人患有幽闭恐惧症——在机舱里会感到极度焦虑。即使有的人有过安全飞行的经历，这种恐惧感依然无法消除，人们会对自己的恐惧心理变得非常迷信。

荷兰著名球星博格坎普就因为侥幸错过某次航班，而躲过了机毁人亡的命运。但博格坎普从此对飞机产生了恐惧心理，无论去哪里比赛，他都会乘别的交通工具前往，如果是一定乘飞机前往，他宁愿放弃比赛。

事实上，乘飞机甚至比走路还要安全。你不大会因为要出门散步而买保险，却一定会为乘飞机而买保险。每次飞机失事，都是全球性的新闻，让许多原本理性的人对飞行产生了恐惧。

高估小概率的收益

在史前丛林中，老祖宗积累了一种吊诡的生存智慧：通过藐视风险，战胜恐惧，从而获得生存机会。但过去成功的经验，也可能导致今天的失败。

前景理论原理之7：面对小概率的收益，人类是风险追逐者

我们不仅夸大小概率的损失，也会夸大小概率的获得。

比如，兔子撞在树桩上是个小概率事件，但遇到这种好事的人，总觉得还会接连发生这种幸运。报纸上刊登了某地爆出"邪彩"，促使很多从不买彩票的人就开始蠢蠢欲动。

当然，"万一"也不特指万分之一，也可能是百万分之一、千万分之一。

人可以因骄傲而生，也会因狂妄而死。

人可以因随大流而存活，也可能因为盲从而被绝杀。

这，就是幸存者的悖论。

买保险是赌自己会倒霉吗

我曾因一句话开罪了一个庞大群体。我说："买保险是赌自己会倒霉，买彩票是赌自己会走运。"

一些保险界的读者对我进行了认真批评。我也承认这话不够严谨。但是，谁都无法否认，遭遇不测这种事情，很少发生，但人们还是很热衷买保险。

行为经济学家在研究人们的表现行为时发现，人们买保险的时候，高估了倒霉发生的可能性。他们称之为"对可能发生的小损失投保的偏好"。

人类经常对概率更加没概念，是十足的"概率盲"。

对很多人来讲，万分之一的概率，与百万分之一的概率几乎是一样的——不就差两个零嘛！

很多人喜欢买彩票，甚至欺骗家人，四处举债来买彩票。就是高估了小概率事件。刻薄地说，人类就是一种嗜赌的赌场菜鸟。

人类喜欢高估小概率事件，而这是赌场、保险公司、彩票公司能够生存的心理土壤。

第6章

锚定效应
——难以觉察的参照值

人们的判断明显会受到没有任何信息价值的数字的影响。

——丹尼尔·卡尼曼

与其说我们挑选的是选项本身，倒不如说我们挑选的是选项的说法。

——阿莫斯·特韦斯基

传统经济学认为，人们的决策是理性的、不会被无意义的数字干扰。

卡尼曼和特韦斯基所发现的"锚定效应"，是一种非常典型的心理偏差，它是对"理性人"假设的又一次否定。

先入为主

现在请一组人都回答两个问题：

1. 请问拉贾斯坦邦人口超过50万吗？
2. 你猜拉贾斯坦邦的人口有多少？

再请另一组人回答两个类似的问题。

1. 拉贾斯坦邦的人口超过1800万吗？
2. 你认为拉贾斯坦邦的人口有多少？

你在两种情况下对拉贾斯坦邦人口的估计会一样吗？

一个很有趣的结果是，人们在回答第二个问题时都受了第一个问题的影响，第二个问题的答案随着第一个问题数字的增大而增大。这个实验可以说明人们心理中一种常见的心理偏差，即锚定效应。

锚定效应（anchoring effect），是指当人们需要对某个事件做评估时，会将某些特定数值作为初始参照值，这个初始参照值像锚一样制约着评估结果。

这就是中国人常说的"先入为主"，人们作一个决定时，大脑会对得到的第一个信息给予特别的重视。第一印象或数据就像固定船的锚一样，把我们的思维固定在了某一处。"锚"是如此的顽固而又不易觉察，要把这种"锚"拔起，远比你想象的要困难得多。

"维多利亚的秘密"的秘密

巴西超模阿德瑞娜·利玛穿着的一款"维多利亚的秘密"文胸上，共有3575颗黑钻石、117颗1克拉圆钻石、34颗红宝石等共大约3900颗宝石，价值500万美元。

在同一品牌系列产品中，商家会制造一款"极品"，标出一个令人咂舌的价格。这款"极品"能否售出并不重要，关键在于它将价格"锚定"在高位，悄悄改变了相关产品的参照值。

"维多利亚的秘密"（Victoria's Secret）是美国最著名的内衣品牌，拥有一件"维多利亚的秘密"，是不少女性的愿望。从1996年起，该公司每年圣诞节前都会由超级模特代言，高调发布一款价值数百万美元的镶钻文胸。

此举不仅能吸引媒体注意，收到广告效果，更能促进相关产品的销售。

当这款文胸出现在公司产品目录上时，其实已经悄悄塞给了顾客一个价格参照系。

不难想象，当一个男人在买一件"维多利亚的秘密"讨好妻子时，他先看到一款标价500万美元的文胸，是什么心情；再看到一款标价才298美元，样式、质地也很好的"维多利亚的秘密"，又是怎样的心情。

对于企业来说，就算钻石内衣卖不掉，上面的钻石可以拆下来，明年继续用，几乎没有什么损失。"维多利亚的秘密"的疑似仿效者有：

美国ASANTI公司，镶有12000颗钻石和800颗蓝宝石的汽车轮圈，报价200万美元。

瑞士昆仑（Corum）公司，镶满钻石的"经典亿万陀飞轮"，全球限量10块，标价32.5万～99.8万美元。

德国史蒂福公司，黄金绒毛泰迪熊，全球限量125只，每只售价约合8.6万美元。

英国的Luvaglio公司，钻石笔记本电脑，标价100万美元。

人类天生爱听故事，营销就要"讲故事"，越是传奇，越是有效。价格，往往是"故事"中最容易记住的桥段。随着仿效的企业越来越多，"镶钻"给消费者带来的冲击力必将越来越弱，要想把"故事"继续讲下去，还得"搞搞新意思"。

飞来之锚

锚定效应几乎无处不在，但人们常常没有察觉。为了说明这一点，我们先回顾一段历史。

亚历山大，古代世界最著名的征服者之一。

他20岁即位，21岁远征波斯，他的铁骑曾经横扫亚欧大陆，在征服了波斯、埃及和印度北部以后，在回军途中患疟疾驾崩，终年33岁。

请问：亚历山大死于公元29年之前还是之后？

在你仔细阅读了这个问题之后，你可能已有警觉，命题的人只不过用了一个障眼法，主要用意就是硬把一个年份（公元29年）塞进你的脑子里。

你很可能觉得这个年份不太对劲，似乎太早了一点。不过，等你想要提出更正确的年份时，29这个数字已经深植于你的脑海中了，并且已经影响到了你的判断。

结果你再怎么努力，提出来的数字还是太接近公元29年，亚历山大实际死于公元323年。

硬塞给你的"锚定点"

康奈尔大学的拉索教授，也曾向500名正在修MBA的学生提出类似的问题，他的问题是：匈奴王阿提拉在哪一年战败？

拉索要求这些学生把他们自己的电话号码最后3个数字，加上400，当作这一问题的"基准"数字。

如果得到的和是400—599之间，这些学生猜测的阿提拉战败年份平均是公元629年。

如果得到的和是1200—1399之间，这些学生猜测的阿提拉战败年份平均是公元988年。

这些被试学生明明知道他们得到的基准数字毫无意义，可是这个数字却仍然对他们发挥了影响。

我们不妨把这些影响他们思维的参考数字叫作"锚定点"。

被试者得到的"锚定点"数字越大，他们所猜测的阿提拉战败时间也就越晚。

阿提拉实际是于公元451年兵败。

当然，也许读者会有疑问：被试者将自己电话号码的最后3个数字加上400，是否会让他们产生误解，觉得这是有意向他们提供某种提示。

不会，因为电话号码的最后3个数字，可能是从000到999的任意一个数字，这帮高智商的MBA明明知道这些数字与问题毫不相干。

随机数字也会影响你

特韦斯基和卡尼曼也曾经做过类似的实验，他们找了一批学生，要求估计在联合国里面，非洲国家占有多大的百分比。

他们为此做了一个可以旋转的轮盘，把它分成100格，分别填上1到100的数字，并当着这些人的面转动轮盘，选出了一个号码。

当转动这个轮盘之后，指针定在数字65上。下面你需要回答这样一个问题：非洲国家的数量在联合国国家总数中所占的百分比是大于65%还是小于65%？

这是一个常识问题，略加思考就知道，非洲国家在联合国国家中所占的比例肯定小于65%。但是，非洲国家的数量在整个联合国中占的实际比例是多少？

被试者给出的答案平均是45%。

接着，卡尼曼又找了另一群学生做了相似的问题。当这个幸运轮停止转动后，是10，而不是65。问：你认为非洲国家在联合国国家总数中所占的百分比是大于10%还是小于10%？

这是一个常识问题，略加思考就知道，非洲国家在联合国国家中所占的比例肯定大于10%。但是，非洲国家的数量在整个联合国中占的实际比例是多少？

被试者给出的答案平均是25%。

为什么同样的问题，后两种情况下得出的答案差距如此之大呢？当幸运轮上出现的数字是65的时候，估计的百分比大约是45%，而当幸运轮上出现的数字是10的时候，估计的百分比变成了25%。

这些人如果知道这个所谓的"锚定点"，对他们的答案有这么大的影响，绝对会感到惊讶。

轮盘不论转出什么数字，都会卡在他们的潜意识里。虽然他们明知这个数字毫无意义，却仍然据此对毫不相干的事物作出结论。

被试者明明知道：幸运轮上出现的数字是随机的，然而，他们给出的答案还是会受到先前给出的数字的影响——即使这些数字是无关的。换句话说，人们的答案"锚定"在先前给出的无关数字上。在实际生活中，你可能想不到自己也经常认定某个数字或想法，并用它来影响你的经济行为。

常识的陷阱

有许多脑筋急转弯的问题都是利用了"锚定效应"。

给你一张纸，把这张纸对折了100次的时候，你估计所达到的厚度有多少？

许多人估计会有一个冰箱那么厚或者两层楼那么厚。然而，通过计算机的模拟，这个厚度远远超过地球到月球之间的距离。

因为人们的思维被锚定在纸是很薄的东西这个事实上了，觉得即使折上100次也厚不到哪里去。其实答案远远不止几米。

假设一张纸的厚度是0.1毫米，折叠100次的厚度大约是1.27乘以10的23次方公里，这是地球到太阳距离的800 000 000 000 000倍！

再看下面这个由卡尼曼设计的测试：

$8 \times 7 \times 6 \times 5 \times 4 \times 3 \times 2 \times 1$

$1 \times 2 \times 3 \times 4 \times 5 \times 6 \times 7 \times 8$

请在五秒钟之内，不经过仔细的计算，估计$8 \times 7 \times 6 \times 5 \times 4 \times 3 \times 2 \times 1$等于多少？

你的答案是……？

现在你让另外一个人（没有做过上面的估计）在五秒钟内不经过仔细的计算，估计$1 \times 2 \times 3 \times 4 \times 5 \times 6 \times 7 \times 8$是多少？

他的答案是……？

现在比较一下你估计的答案和另外那个人估计的答案。谁的答案大，谁的答案小？极有可能是你的答案大，而另外那个人的答案小，并且你们的答案可能都小于40320（实际计算的答案）？

为什么会这样呢？因为你和另外那个人对答案的估计都"锚定"在刚开始计算的几步上，所以你估计的答案要大于另外一个人估计的答案，但可能都小于实际计算出来的答案。

再出一个题目供你思考：假定全世界有50亿人口，平均每人血液是1加仑，那么把全世界所有人的血液都存入一个立方体，这个立方体的边长为多大？

答案是，立方体的边长为870英尺。

订婚戒指的预算

假如你要结婚或订婚了，订婚钻戒上应该花多少钱比较合适？

大部分人对这个问题的标准答案是"两个月的薪水"！这也是黄金珠宝业所鼓吹的标准。

这其实非常荒谬，因为按照情理，选购戒指的价格应该是你力所能及的范围。但事实上，你却认同了另一个参考标准。

珠宝商人非常精明，他们知道让大家把两个月薪水当作一个最起码的标准，就可以为他们这一行带来更大的利益。

原来不想花这么多钱的人，可能就会因此觉得花的钱如果低于这一标准，就会被看成吝啬鬼，于是，他们就不知不觉地接受了这一标准。同时，那些愿意花更多钱的人，还是会照样挥霍。他们会觉得这样的标准只适合那些没有钱的人。

在这方面，实际上有两种不同的成见，一种是有意的误导，另一种是无意的误导。

"锚定效应"谈判术

多数人认为，在谈判中最好让对方先开价，这样你就可以去估计对方的底价，可以拥有更多的信息。但事实上，让对方先开价，这个价格就会成为谈判中的一个锚，即使你努力调整，也很难摆脱这个定位效应的影响。

有个收藏家看中了一件古董，但是卖主开出了天价。虽然收藏家对这件古董志在必得，但却不愿多掏钱。于是他让自己的两个朋友佯装成顾客，先后到店里去选古董。第一个朋友给这个古董开出了一个不可思议的低价，卖主说："神经病，你根本没有诚意买。"不久，第二个朋友又去那家店，开出了一个虽然比前者高但仍然很低的价格，卖主当然又说："太低了，我不可能卖给你。"这时候，收藏家出现了，他只在第二个朋友开价的基础上稍微加一点儿价，就如愿地以他期望的价格买下了这件心仪已久的古董。

一桩交易，双方都难以估量其价值，如果你是卖家，就主动开价，而且开价越高越好，先发制人。同样，如果你是买家，也应该争取先开价的机会，而且价开得越低越好，塞给对方一个"锚"。

"地王"乃楼市之锚

何谓地王？

是说某地区某块国有土地出让给开发商的成交价格创下新高，动辄数十亿的天价。就叫地王。

地王有区域地王，也有全国地王。地王每次出现，购房者的心理价位都悄然被抬高，周边房价由此暴涨，进而带动全市、全国房价暴涨。

在广州，曾经有27个地王，24个几年未正式动工，一直在那里"晒太阳"。因此，很多人宁愿认为，地王多是用来拉高房价的，根本不是拿来盖房子卖的，这就和"维多利亚的秘密"一个道理。假想如下：

几个开发商坐在一起商量，选个代表，各出一点钱给这位代表作为保证金，去参加拍卖会，让这位代表叫价30亿拍个地王。

这位代表在拍卖会上面不改色地叫出天价，连拍卖师都惊呆了，劝其谨慎，下面的地产商笑成一片。于是，本市房价整体拉高了，但地王还是没动静。

政府说：赶快把余款付了啊！你不是说30亿买这块地去盖房子吗？

开发商开始哭穷了：唉，您有所不知啊，当时准备的资金，现在出了点状况，保证金我不要了，土地您收回去吧！

地王保证金花了3个亿，本市房价却整体拉高了70亿。买地王的保证金早已经赚回来了，地王也完成了他的"锚定"使命。

于是，政府收回去，再拍卖，新的地王又产生了……而在售的楼盘中，没有一个是使用当年的地王所建。

"虚头"是促销策略

对于一件顾客不是很熟悉的商品，如果标价10000元，顾客愿意出多少钱买下来？同样的一件商品，如果标价6000元，顾客愿意出多少钱买下来？

在标价10000元的情况下，买卖双方在一番激烈的讨价还价后，如果最终能以7000元成交，买家会很高兴的。因为你以7000元的价格买下了标价10000元的商品。而在标价6000元的情况下，买家是绝对不会以7000元的价格买下这件商品的。

买家在还价时往往"锚定"在标出的价格之上。如果标出的价格较高，买家在还价时一般就会给出较高的价格，并因砍去了"虚头"而颇有成就感。

傻瓜卷土重来

金融市场上的操纵者，经常利用锚定效应"拉高出货"。

某只股票上市，以6元多的发行价高开到16元，当换手率达到70%的时候，下午戏剧性的一幕上演了，股价一度上涨到50元，最后收于31元。

这种奇怪的走势也许是偶然的，但更可能是人为的操纵。操纵者为什么要把当日拉高，此后又跌停？实际上操纵者是在利用行为金融学里的锚定原理，操纵投资者的心理，实现自己的诱多意图。

一些股票，本身炒作到20元就到位了，但运作者一定要炒到30元，甚至40元，然后再把价格打到20元。此时的20元价格很容易就出货。如果是直接拉到20元，没有锚定效应，反而不好出货。

股票市场有所谓"傻瓜卷土重来"（fools rallies）的说法。这其实也是一种锚定效应。在泡沫最终破裂的时候，价格从峰值开始显著下降。但是，在价格最终一泻千里之前，通常有短暂的"傻瓜卷土重来"阶段。

杀价的艺术

《镜花缘》里有个君子国，该国人人以"自己吃亏、别人得利"为乐，以至于市场上卖家力争少要钱，买家力争付高价，往往争执不下，难以成交。"君子邦"乃乌有之乡，现实世界的交易报价往往是"狮子大开口"，倘不忍"杀价"，"被宰"的只能是自己。

鲁迅说，中国革命要想取得成功，就必须有"学者的良知"和"市侩的手段"。类似地，如果你活在一个不太规则的商业氛围里，就要通晓梁实秋老先生的杀价艺术——要有杀人的胆量、钓鱼的耐心、政治家的脸皮。

> 货比三家，瞅见欲购之物，要处之淡然。瞧他缺什么，你就说要买什么，店家没货，顿感磕碜。漫不经心地问及所需之物，卖家已惭愧在先，价钱自不敢高叫。
>
> 对所需之物，尽量用比较内行的话挑毛病，卖家出货心切，自然又赢得杀价主动权。
>
> 杀价要狠。拦腰一砍，心慈手软。有些卖家早就预料买家会"拦腰砍"，报价"虚头"更高。对此要灵活拿捏。

狠得下心，还要说得出口。讨价还价是耐心的较量，双方互有妥协，卖家一分一文地减，你就一分一文地添。在商言商，无须恪守义无反顾，计不旋踵的气节。还了价，店家不答应，你大可掉头而去，若他请你回来，必是有妥协的意思；若不请，你又志在必得，就应有回头的勇气。

俗云："漫天要价，就地还钱。"买卖双方都在有意无意地运用"锚定效应"，试探、妥协。

第7章

心理分账
——金钱的感情色彩

在吃喝上奢侈，就应在衣着上节俭，在住房上讲究，就应在马厩上节省。处处都大手大脚，将难免陷于窘境。

——弗兰西斯·培根

追根究底，只有德国人才会认真谈论"规规矩矩赚钱"。法国人讲赢钱（gagner l'argent），英国人说收割钱（to earn money），美国人说造钱（to make money），而匈牙利人则是"我们到处找钱"。

——安德烈·科斯托兰尼

　　传统经济学认为，钱是没有标签的，钱就是钱，每一张相同面值的钞票都是可以互相替代的。不管你这些钱是血汗换来的，还是刮奖刮到的，或者马路上拾到的。真是这样吗？行为经济学先驱理查德·泰勒（Richard Thaler）提出的"心理账户"（Mental Account）理论，证明了这种论断是错误的。

　　前景理论、锚定效应、泰勒的"心理账户"原理，共同构成了行为经济学的三大基石。

心理账户

　　2017年的诺贝尔经济学奖花落谁家？获奖者正是行为经济学开山祖师之一，理查德·泰勒教授。1980年，泰勒教授在一篇论文中，首次正式推出了"心理账户"（Mental Account）这个概念。

　　泰勒是一位真正的经济学教授，也是行为经济学真正意义上的开创者。泰勒教授指出，人会给钱分门别类，贴上不同的标签，比如：零钱、整钱、飞来横财、辛苦钱、干净、黑钱、养老钱，等等。不同的钱，人们会赋予它们不同的价值，并分类进行管理。

　　心理记账理论，简称心账理论。它与前景理论、锚定理论，共同构成行为经济学的三大基石。

　　杜月笙年轻时混迹十里洋场，曾这样总结消费经验："赌是对冲，嫖是落空，吃是明功，穿是威风。"

　　在杜老板看来，钱可分为赌资、嫖资、餐费以及置办行头的费用。并将这些账户授予不同的权重。婊子无情，色即是空，嫖资要尽量压低。美食是可以得到实际满足的消费，也是交朋友的手段，应该增加这方面的开支。穿衣的费用也可以增加，因为穿得恰当，可以仪表堂堂。赌博则是带有风险的投资，所以要深思熟虑。

经典电影《毕业生》的主演达斯汀·霍夫曼，在未成名前，经济上经常捉襟见肘。一次，有朋友来看望他，发现霍夫曼正在向房东借一笔钱。但是，当朋友来到霍夫曼的厨房时，发现桌上摆着几个罐子，每个里面都装满了钞票。其中一个坛子上写着"出借"，另一个写着"公共设施"等。朋友很好奇，霍夫曼的坛子里有这么多钱，他为什么要去借钱呢？这时，霍夫曼指着一个写着"食品"的罐子给朋友看——里面空空如也。

传统经济学认为，金钱是可以"替代"的，也就是说，每个罐子里的100元可以买到价值100元的食品。但是，人们会采取一种有悖于这种"可替代性"的"心理记账"方式，从而达到控制成本的目的。

你的"左口袋"是满的吗

在赌城拉斯维加斯，流行一句口诀：永远不要把左口袋里的钱输光了。

职业赌徒常用的风险控制手法是：把重要的钱和不重要的钱，分别放在不同的口袋。比如把本钱放在右口袋，右手是负责支出的；把赢回来的钱放在左口袋里，左手是负责收入的。这样当右口袋一文不剩时，左口袋多少还能剩一点。

在电影《幸运牌手》里，"左口袋"不仅指重要的赌资，更是指一些更为重要的事物，比如亲情、爱情。

左口袋的钱和右口袋的钱，一样吗？对于一个绝对理性人来说，是没有分别的。但是，一个正常人是不可能完全理性的。

每张钱上都有隐形的标签

在人们的潜意识里，会给钱贴上不同的"标签"：血汗钱、辛苦钱、救命钱、意外之财、飞来横财、黑钱、大钱、零花钱，等等。不同的钱，人们会赋予它们不同的价值。

这世界上，有人靠实力挣钱，有人用投资赚钱，也有人四处"扎钱"，有人大胆捞钱，更有人黑心圈钱。

"马走日，象走田"。不同的盈利方式，会影响到人的花钱方式。

心理账户： 人们会根据钱的来路、存储的方式或支付方式的不同，无意识地将金钱加以归类，并赋予不同的价值，进行管理。

中国有句谚语："人无外财不富。"外财，是意外之财。从字面上已经反映出，人们在不自觉地运用了"心理账户"，把钱分为理所应得的"内财"和天外飞来的"外财"。

孔子说过："不义而富且贵，于我如浮云。"

圣经里也有句相映成趣的话："用诡诈之舌求财的，就是自己取死；所得之财乃是吹来吹去的浮云。"

这不只是道德的说教，还具有行为学的依据。

外财，是意外之财。从字面上已经反映出，人们在不自觉地运用了"心理账户"，把钱分为理所应得的"内财"和意外得到的"外财"。

"外财"，是相对于本分赚取的钱而言的。对于"外财"，我们总是倾向于挥霍浪掷，用于享乐。

然而，也有人持不同意见。针对世人"投机得来的钱不算真正钱"的偏见，投机家安德烈·科斯托兰尼这样调侃：追根究底，只有德国人才会认真谈论"规规矩矩赚钱"。法国人讲赢钱（gagner I'argent），英国人说收割钱（to earn money），美国人说造钱（to make money），而匈牙利人则是"我们到处找钱"。

"话剧实验"与心理分账

1981年，特韦斯基和卡尼曼发表的一篇论文里，提出了一个著名的话剧演出实验。

实验情境A：你打算去剧院看一场话剧，票价是10美元，在你到达剧院的时候，发现自己丢了一张10美元钞票。你是否会买票看演出？

这次共调查了183个人，调查结果是：88%的调查对象选择会；12%的调查对象选择不会。

实验情境B：你打算去看一场话剧而且花10美元钱买了一张票。在你到达剧院的时候，发现门票丢了。如果你想看演出，必须再花10美元，你是否会买票？

这次调查共询问了200人，调查结果表明：46%的调查对象选择会，54%的调查对象表示不会。

特韦斯基和卡尼曼认为：两种实验情境出现明显不同结果的原因在于：在考虑情境A的决策结果时，人们把丢失的10美元钞票和买演出票的10美元分别考虑；而在情境B，则把已经购买演出票的钱和后来买票的钱放在同一个账户估价，一部分人觉得"太贵了"改变自己的选择。为此，特韦斯基和卡尼曼引入泰勒提出的心理记账这个概念。

"飞机撒钱"可以刺激消费吗

花费率（spending rate），也就是经济学家所谓的边际消费倾向（marginal propensity to consume），花费率是指拿到手里的钱所花掉的比例。例如，拿到2000元分红，花掉了700元，花费率就是35%。

很多人会觉得，花费率不会超过100%，也就是每获得一元钱，最多就只能花掉一元钱，其实不然。

中秋节，阿福所在的城市要给市民"发红包"——每位市民补贴1000元。虽然阿福平时不缺这1000元，但还是挺高兴的。等假期结束时，阿聪发现自己花超的钱足足是3000块！

原来，阿福拿到"红包"后，出手比平时阔绰了很多。他因为这笔意外之财，到餐厅或商场花钱都很大方，因为他心理上有恃无恐，老觉得有这1000元做后盾。他不仅把这笔补贴当作可以任意支配的意外之财，而且这种"乐观的不谨慎"，使他不知不觉地挪用其他账户，把原来另有用途的钱也花掉了2000元。

一笔小额的意外之财，反而可能让人破费更多，这是耐人寻味的现象。

为救美国经济于水深火热，美联储主席伯南克有句名言："如有必要，可用直升机撒钱。"

对这句话，各人理解不同，用心理账户的原理来看，"飞机撒钱"也许真的能刺激消费，提振经济。

整钱固若金汤，零钱风流云散

美联储主席伯南克有个外号叫"直升机"。关于如何刺激经济，他有句名言："如有必要，可用直升机撒钱。"

假设，今天真的有人在直升机上撒钱，你捡到了200元。很可能你不是把这200元存起来，而是花掉。甚至从钱包里掏出300元，买一件500元的商品。这就涉及一个"花费率"的概念。

所谓花费率（spending rate），也就是经济学家所谓的边际消费倾向（marginal propensity to consume），花费率是指拿到手里的钱所花掉的比例。例如，拿到10000元工资，花掉了1000元，花费率就是10%。

对花费率较早进行研究的，是以色列经济学家迈克尔·兰兹博格。

20世纪70年代，以色列陆续从德国获得600亿美元的战争赔偿。这些赔款，被以色列政府用来抚恤被纳粹伤害过的犹太人。兰兹博格追踪了这些抚恤金的花费情况。

由于受到的伤害程度不同，受害者拿到的抚恤金额度也相差悬殊。有的人获得的赔款相当于他们年收入的66%，而最低的赔款大约相当于年收入的7%。因此，蓝兹博格得以衡量这种意外收入，是如何影响每个人的花费率。

兰兹博格的调查结果很出人意料：那些拿到大额补偿金的人，平均花费率只有大约23%，其余都存了起来。而拿到补偿金最少的人，花费率居然达到200%。没错，就像那些"挣一个花俩"的人一样，那些拿到极小额度赔偿金的人，不仅把这笔钱花得精光，还连带地从积蓄里再花一些。

一笔小额的意外之财，反而可能让人破费更多，这是耐人寻味的现象。

孟子说："无恒产者无恒心。"

这句话用豆腐西施杨二嫂的话解释就是："愈有钱，便愈是一毫不肯放松，愈是一毫不肯放松，便愈有钱。"

家底薄的人，反而更倾向于"人生得意须尽欢"，花费率更高。结果又陷入了"你不理财，财不理你"的恶性循环。

这就是心理记账的另一奇观：整钱固若金汤，零钱风流云散。

小处精明，大处浪费

有句英文谚语：penny wise and pound foolish.可以翻译为：小事聪明，大事糊涂；小处精明，大处浪费。

下面是笔者在某网站做的一个投票：

今天你要去面试，必须要带个文件夹。家门口百货公司的文件夹卖35元/个，而3站地外的文具店，同样的文件夹10元/个，你会不会到文具店买文件夹？

今天你要去面试，必须要穿西装。家门口百货公司的某款西装卖1775元，而3站地外有另一家百货公司，同样的西装卖1750元，你会不会到那一家百货公司捡便宜？

在投票的150人中，有77%的人会去买便宜的文件夹，可是会为了西装跑同样一段路的人却少得多，虽然两者情况相同：为了省25元，多走3站地路。

这是"心理账户"所导致的一种典型现象，行话叫"统合损失"（integrate losses）。普通人在碰到损失或必须做某种开支的时候，潜意识里会把它们藏在更大的损失或开支里，借以逃避现实。因为"统合损失"而破财的事例，在生活中俯拾皆是。

蔚蔚有台旧笔记本电脑，上次出了故障，到维修店要花300元才能修好。她犹豫了，最后辗转找了一个会修理的朋友修，尽管这样也比较麻烦，因为要还人家人情。

蔚蔚这次要买一台价格为17200元的新笔记本，推销员说，只要再加500元钱，就能把保修期从一年增加为二年。

在几个月前，她还嫌300元维修费太贵。但是，推销员三言两语就把她说动了，她心甘情愿地多付500元为一个未必会出现的故障买单。

蔚蔚之所以这么舍得，罪魁祸首当然是"心理账户"：跟17200元比起来，500元只是小意思。

因此，多花500元赌一个未必会需要的服务固然让人心疼，可是既然已经狠下心花17200元买新笔记本，就认定了一步到位。

当你花费17200元买一台笔记本电脑的时候，再多加500元延长一年的保修期不会让你心疼。你认为这没什么大不了的。

但是，长期浪费这种小钱，或是对各种小小的损失漫不经心，就极不应该了。如果将这些小钱加在一起，一定会让你大吃一惊。

商人眼里，顾客绝非"上帝"，顾客只是人，理性有限、常出偏差的人。

卖场在推销比较昂贵的电器时，都会极力怂恿顾客购买长期保证或服务契约，就是看准了这点。除了这种时候，有谁会为电器买保险？同样道理，卖保险的推销员在鼓动顾客加买保险时，都会猛推销利润丰厚的"附带保险"，否则有哪个头脑清凉的人，会特别为年幼的孩子买寿险？

心理账户的利与弊

通过前面的阅读，我们了解到，"心理账户"的弊端是很明显的。其实，把钱分配到不同的"心理账户"中，并非全无好处。

"心理账户"可以帮我们更有效地为未来的目标而储蓄。

毕竟，对许多人而言，钱都是通过自己的劳动换来的，或是准备买房子的"房钱"，或是准备养老的"棺材本"。花钱再没计划的人，都会避免动用这些积蓄，因为他们把这些钱放在他们心中神圣不可侵犯的金库里。

有时，还可自觉利用"心理账户"应付小的不幸和损失。

据泰勒说，他有位同事，也是大学教授。这位教授打算在年底慷慨地捐助某慈善机构。不过，他把这一年中发生的所有不愉快的事，比如超速罚款、重购损失的财产、救助穷亲戚，都从捐助的预算中扣除，最后他只得到账户中剩下的钱。这样，他从损失的晦气中摆脱出来了。

对自己衡量金钱价值的体系进行一次全面检讨，才能一分为二地看待"心理账户"现象，从而消除它的不利因素。

启动"零钱账户"

在一些廉价的长途列车上，会有列车员向旅客推销袜子、皮带、玩具之类的商品。他们经常这样游说乘客："少抽一包烟，就能给小孩买一件益智玩具。"

"只是一包烟的价钱噢！"有很强的蛊惑力，它会打动很多人。

就像一个月90元和一天3元钱，其实一个意思。但给人的感觉就是不一样。

两种不同的表达方式会给我们带来两种不同的心态。购买心态在受分期价格的刺激以后，我们就会将这笔钱看成是微不足道的小钱，就会把它当作小财对待。

"狡猾"的销售人员都善于启动消费者们的"零钱账户"，大谈特谈，甚至蛊惑消费者选择自己本不需要的商品或服务。也是因为这样，商家才想出了这种以天算价格换去以年算价格的新型办法。

最初的报刊，都是按年订购价格标价的。有的人在订阅报刊时就会选择一次性的将报纸或书刊的年订购价交出，但这样的人都只是一小部分。报刊为了更大的发行量，逐渐改变了定价方式。现在的报纸、杂志，都是按照单期价格定价。

这在销售心理学中叫作"一天一便士"（Pennies-A-Day）策略。

启动"零钱账户"吸引消费者，存在于很多行业和地方。比如，某保健品打出这样的宣传语："一天一元钱，全家人的健康顾问。"这是将那一年的费用都化为以天为单位来平均计算价钱的一个办法。

信用卡分期付款，也有异曲同工之妙。有些银行客户看到每月那庞大的欠款数字要还，就不会再使用银行信用卡。但银行告诉客户，你不用完全还款，只须每月还10%–20%即可。

在商业丛林中，一定要成为聪明的消费者。如果不想被商家"套牢"，就要具备将启动"零钱账户"转换为启动"整钱账户"的智慧。

化整为零，日行一善

启动"零钱账户"，不仅可以用来诱导顾客进行消费，也可以引导人们做慈善。

比如，李连杰的"壹基金"就是一个典型的例子。壹基金倡导"壹基金壹家人"的全球公益理念，推广每人每月1块钱，一家人互相关爱彼此关怀的慈善互动模式，即：每1人 + 每1个月 + 每1元 ＝ 1个大家庭。

> 哈佛大学教授约翰·古维尔教授，做了一个实验，让人们真实地感受到了这种"零钱账户"的影响力。
>
> 古维尔教授将实验对象分为两组，分别进行问答：如果邀请你为国际红十字会捐款，你愿意一年捐120美元吗？
>
> 另一组的问题是：你愿意以授权银行每月自动转账10美元的形式，向国际红十字会捐款一年吗？

结果，在愿意捐款的被试者中，大部分选择了每月10美元的形式。其实，这并不是调查人们的爱心指数，只是研究心理账户对慈善的影响。

某天，你见了一个瑟瑟发抖的流浪者，当你把口袋里的零钱给予他后，匆匆离去。你量入为出，常年如此，如涓涓细流。没有任何算计与被算计、也不求回报，只是出于心底最真诚的悲悯。这种慈善，常常让人感动。但有一天，有人告诉你，非洲有大批饥馑的儿童需要救助，但是，你却爱莫能助，因为这个拯救非洲儿童的善举已经超出了你的能力。

无论能力大小，其实有着同样强烈的消费欲望，也有着同样宝贵的慈悲心。如果支付的价格刚好不超出自己"零钱账户"的范畴，绝大部分人都是乐善好施的。

你有划分"心理账户"的倾向吗

心理账户现象是如此的自然而然，以至于我们无法察觉。不妨做一做下面这个测试，请尽可能如实作答，以期认清自我。

假定你花300元，买了一张演唱会的门票，到了会场门口，却发现门票丢了。你会再花300元买票进场吗？

假定你打算到了会场门前再买票，买票前却发现丢了300元，不过你身上还有足够的现钞。你会不会照样买票？

多数人在第一种情况下，可能掉头而去，在第二种情况却舍得再掏腰包，虽然两者其实都是损失300元，而且必须再花300元，才能享受预期的娱乐。可是，大多数人碰到这两种情况，反应似乎不太一样。他们觉得在第一种情况下，等于是买两张票，每次花300元，总共花掉600元。即使是看到了心仪的明星，花这么多钱似乎也不值得。但是，掉了300元现金，再花300元买票，在大多数人看来是两码子事，可以算是两笔账。

这种因情况不同，用迥然不同的方式看待两个基本上相同的损失，正是划分"心理账户"典型的例子。

以下这些迹象可能显示你有划分"心理账户"的问题：

银行有存款，但也有信用卡循环债务。

觉得自己并没有乱花钱，却老是存不了钱。

不会乱用积蓄，可是一有意外之财就花个痛快。

用信用卡花钱购物，似乎比用现金更大方。

赌客的心理账户

我见过一个与"金昏瓦巧"类似的真实故事。

某台球俱乐部有一个球童，平时做一些给客人码球及打扫卫生的工作。有时候，个别客人也会邀他陪练几杆儿。

不久，这个乡下来的年轻人就展露出突出的台球天赋，他打台球的技术在小圈子里传为奇谈。后来，这个年轻人辞掉工作，做了职业的赌球者。

刚开始，领先一个球，可以赢100元，落后两球则要输掉200元。

当赌注为100元的时候，这个台球神童发挥得很好。他的收入已经可以超过万元。后来，他已经不不屑玩这种小彩头。

赌注为1000元的时候，台球神童发挥的最好，他的收入也显著提高了。甚至还花了十几万从日本买了特制的球杆。

很多慕名而来的人找他挑战，也被他一一击败。

有些他曾经的手下败将不服，将赌注提高到每个球10000元。这个时候，台球神童开始发挥失常。

这些曾经的手下败将似乎看出了些端倪，将赌注增加到每个球50000元。这时候，台球神童开始方寸大乱，在比赛中丢盔弃甲。

传统经济学认为，金钱等价，每一块钱都是可以互相替代的。心账理论是对这一理念的颠覆。

理论上讲，赌注的大小，都不应该影响到理性的发挥。但事实上，当赌注大小变化时，赌客的心态也会产生显著的变化。

小赌：怡情，状态最放松。

中赌：风险增大，对抗性强，全神贯注。

大赌：风险巨大，要动用关乎生存质量的心理账户，自然会产生一种紧张情绪。

心理呆账

泰勒曾经讲过一个关于心账理论最富创造性的做法，它是由一名财务教授发明的。每年年初，这位教授都会将一定数量的钱（比如说2000美元）拿出来作为预留给联合劝募会的资金。然后，如果在这一年中他发生了不愉快的事情，都记在这2000美元的账上。比如说违章停车被罚200元，他便会决定，年底只捐1800元。

做人，应懂得舍。

从某种意义上讲，施舍也是一种福气。良心，我们可以向自己征税，比如，每年拿出总收入10%的预算来扶危济困。我们姑且称之为"良心账户"。

人生在世，难免会有倒霉的时候，可能你在银行ATM机取到一张假钱，却无法证明这是银行的错，也可能由于丢了钥匙，不得不请开锁公司帮你撬门，也可能停车却被人贴了罚款单，或者是张三李四向你借了几千块钱却一直拖着不还……诸如此类，都应有一定的心理准备。这里姑且称之为"呆账账户"。

这名财务教授的办法就是联通良心账户和呆账账户，从而化解生活中的小烦恼。这种破财消灾的自我安慰办法，你可以说是自欺欺人，也可以说是积极利用非理性，难得糊涂。

一些企业，在逢年过节的时候，都会以购物卡的形式向员工表示慰问或鼓励。或许有人会问，对员工来说，直接发现金不是来得更实惠些吗？

其实，企业发购物卡而不发现金，除了避税等因素的考虑，很可能还有另外一层意思。

给员工发现金还是购物卡，对于企业的财务支出而言是没有多大区别的。但是，以哪种形式发放，对于员工的"心理账户"来说，就大不同了。

企业之所以干如此"费力不讨好"的事，是有意识地利用员工的"心理账户"去"助推"员工享受他们应得的慰劳或奖励。

如果发的是现金，往往大部分员工会将它视为同工资一样的收入而存入账户不舍得消费；如果发的是购物卡，就等于帮员工开设了一个"消费专用账户"，推动员工"大方"地去消费。

第8章

赌场原理

——庄家恒赢之玄机

赌博无必胜，轻注好怡情，闲钱来玩耍，保持娱乐性。

——赌场告示

好像一切官僚、强盗、赌棍、投机商人，他相信命。

——钱钟书《围城》

一些风水师说，澳门葡京酒店的风水玄机暗藏，而且赌王何鸿燊在其四姨太的房子上装的那只铁公鸡对赌客也非常不利。

何鸿燊听了很生气，忙在东森新闻辟谣："诬赖葡京的设计对赌客是坏风水，对庄家是好风水，全是假的。那么多风水专家还不是一样破产？"

赌王是否真的相信风水，我说不好，但有几样东西赌王是一定相信的。

哪几样？且看下文。

输了5元，还是2.62亿元

据说，爱因斯坦在研究过轮盘赌后讲了一句话："轮盘想要赢钱，只有一条途径，那就是抢。"不过呢，这里有一个"行运一条龙"，差一点就赢了轮盘赌的故事，我们通过它来继续谈心理账户问题。

在赌城拉斯维加斯流传着一个"传奇睡衣男，行运一条龙"的故事。说的是一对新婚伉俪去赌城旅行，新郎在下榻的酒店睡意阑珊。突然，宛如天启，新郎脑海中不断出现"17"这个数字。于是，披上睡袍，趿着拖鞋就到楼下赌场买了一个五美元小筹码。

他把5美元筹码押在"17"这个数字上。果然，小球就落在了"17"上，他得到了175美元。继而他又把赢来的钱全部压在了17上，结果又赢了，这回庄家赔了6125美元。

真是邪了门了，新郎官一直这样赌下去，赢回了2.62亿美元。

行运一条龙的新郎乐昏了头，干脆来了一场空前的豪赌，把这笔巨资都压在了"17"上。

这次，睡衣男的好运用完了。小球停得偏了一点，开出了"18"。

一辈子做梦都想不到的巨额财富，顷刻输得精光。新郎失落地回到客房。老婆问他："手气怎么样？"

睡衣男说："还好，只输了5元钱。"

"传奇睡衣男"到底是输了5美元，还是2.62亿美元呢？

理性地讲，不论这2.62亿美元是意外之财，还是血汗钱，都是等价的，这些钱的所有权都是他的，而不是"赌场的钱"，他输掉的不是5美元，而是2.62亿美元！

"传奇睡衣男"的回答折射出，他是把赌博的本钱放在一个心理账户，把从赌场赢来的钱放在另一个心理账户。

蕉鹿自欺

中国古代的典籍《列子》中，就有一则类似的故事。

有个郑国人在野外砍柴，忽见一只受伤的鹿跑过来。这人乘机赶上去，一扁担将它打死了。他怕猎人追来发现，就把死鹿藏在一个洼坑里，在上面覆了一些蕉麻，藏好以后，就若无其事地继续砍柴。天快黑了，并没有什么人来，他很高兴，就准备把死鹿连同砍得的柴，一块挑回去。可是，这时他忘了藏死鹿的地方，只记得那上面覆盖着蕉麻，找来找去，到底没有找到。最后他想：恐怕我根本并没有打到过什么鹿，也根本并没有把它藏在什么蕉麻下面，一定是我做了这么一个梦罢了！

在日常的经济生活中，糊里糊涂，自己欺骗自己的事情一点也不新鲜。元代诗人洪希文慨叹："得非爱惑聪，戏我如蕉鹿。"

"心理账户"常常导致一种最错误的理财行为——有时会把某些钱看得不值钱，视为"外财"。

新郎自以为是输了5美元，不过是"蕉鹿自欺"罢了。

新郎把赌博的本钱放在一个心理账户，把从赌场赢来的钱放在另一个心理账户，其实这些钱都是他的。那位新郎输掉的不是5美元，而是2.62亿美元！

"新郎行运一条龙"的故事，只是诸多赌场传说中的一个，但不少美国人相信是真实的。现代赌场的风险控制已经非常完善，这种事件已经不会再发生了。个中原因，我们在下一章分析。

"赌场的钱"效应

经常玩牌的人都知道，手气不错、一开始便大获全胜的赌客，会将自己赢得的钱放到一个口袋里，将参与赌博的本金放到另外一个口袋里。

赌徒在赢了钱以后，就会产生一种"赌场的钱"效应（House money effect）。

这个时候，他们往往会更具有冒险精神，下起注来大手大脚，赌得更凶。

在赌客看来，刚刚赢得的钱是"赌场的钱"，而用刚刚赢的钱继续赌便是"用赌场的钱赌"。这种叫法似乎是要把刚赢得的钱与其他的钱区分开来。有实验证明，赌客们更愿意拿"赌场的钱"去赌博。

当投资客开始赢利时，他们更喜欢用刚赚来的钱"加码赌"，这种心态在牛市中非常普遍。

相对于辛苦钱，人们更愿意拿着股市里赚得的钱去冒更大的风险，尽管辛苦赚来的钱与暴富赚来的钱花起来并无二致。

利文摩尔是华尔街著名的大炒家，他曾经赚到过很多钱。但他的最大弱点在于：赌性太强，轻视筹码的保存。他野心勃勃，进取有余，稳妥不足。当他赚到大钱后，变得过度交易，没考虑意外的出现，忘乎所以，最后市场经常只有他一个买家，其他都是卖家。利文摩尔在1934年再次破产后又赚了钱，最后在彻底破产状态下自杀了。

> **"赌场的钱"效应**：人们在赢钱之后，就愿意冒更大的风险，赌博者觉得，反正这是玩别人的钱。泰勒称之为"赌场的钱"（house money）效应。

吉姆·罗杰斯讲过，在股票市场里很多人都犯同一个错误："买了某种股票，看它涨了，就以为自己聪明能干。他们觉得买卖股票容易得很。他们赚进了很多钱，就迫不及待地开始寻找其他投资。其实这个时候他们应该什么都不干。自信心会导致骄傲，最终导致狂妄自大。其实此时你真的应该把钱存进银行，到海滨去玩上一段时间，直到自己冷静下来。因为好机会本来就不多，更不会接踵而来。但是，你并不需要很多好机会，如果你不犯太多错误的话。"

1996年，特韦斯基提出，心理记账是一种认知幻觉，这种认知幻觉会影响到金融市场的投资客，使他们产生非理性投资行为。

投资客与赌客的心态何其相似！从这个意义上讲，赌博与投资并无明显的分野！

翻本心态

假设有这样一个合法赌局，投一枚均匀的硬币，正面为赢，反面为输。如果赢了可以获得5000元，输了失去5000元。

1. 请问你愿不愿意赌一把呢？
2. 假如前面你已经赢了100000元，现在你会参与赌博吗？
3. 假设你之前输了5000元，你又会怎样选择？

同样是赌一把，对你来说是否会不一样呢？

大部分人在一种情况下会选择赌一把，在另一种情况下却选择放弃。

这个赌局的期望值没有变，风险和收益也没有变，变的只是人们对风险的反应。

蛇咬效应（风险厌恶效应）：在经历了亏损之后，人们会变得更加不愿意冒风险。赌博者在输钱之后通常会拒绝赌博，感觉像是被蛇咬了。所谓"一朝被蛇咬，十年怕井绳"者也，泰勒称之为蛇咬效应。

翻倍下注效应：失败者并不总是风险厌恶者。很多输钱的赌徒会采取要么翻倍下注、要么不赌的策略。翻倍下注的输家比拒绝再玩的输家反应更加极端，他们幻想一举捞回所有的损失。

在赌桌上，很多赌徒会受到情绪的影响。赢钱了，会激起他赢更多的欲望；输钱了，又唤起他不顾一切要捞回来的报复心。

赌场对赌客的心理很有研究。一些赌场的"荷官"（赌台发牌员）会利用赌客的非理性，用语调、手势来刺激赌客下注。所以，有些赌客在失利的时候赌注反而下得更大。

沉没成本谬误

世界上有四种东西收不回：

说出的话，

泼出的水，

撒出的票子，

打过狗的肉包子。

捞本心态，不仅出现在赌场，还有现实生活。

沉没成本（Sunk-cost），系指没有希望捞回的成本。沉没成本又叫非攸关成本，追加投入再多，都无法改变大势。从理性的角度思考，沉没成本不应该影响决策。但芝加哥大学经济学家理查德·泰勒博士（Richard Thaler）通过一系列研究，证明人的决策很难摆脱"沉没成本"的影响。

你在生活中有过类似下面测试的经历吗？

你预订了一张话剧票，已经付了票款，且不能退票。看话剧的过程中，你感觉很乏味，会有两种可能结果：

A. 忍受着看完。

B. 退场去做别的事情。

此时，你付的成本已经不能收回，就算你不看话剧，钱也收不回来，话剧票的价钱算作你的沉没成本。

如果将就到终场，就等于在看一出坏话剧的时候又损失了看一出好话剧的时间。

如果你是理性的，那就不该在做决策时考虑沉没成本，立刻起身退场，去做更有意义的事情。

钓鱼工程

"钓鱼工程"这个词语，经常出现在中国的媒体上。

钓鱼工程，是骗子针对普通人的沉没成本谬误，所进行的一种商业讹诈行为。一些企业先以低价夺标，而后，在合同订立和施工中通过种种手段迫使投资方增加工程款项。

钓鱼工程以政府工程居多。比如某市领导被一骗徒忽悠，炸了公安局大楼要建商业大厦。后来不断追加投资，严重超出预算。

钓鱼工程是以低价工程为饵、沉没成本为钩，要挟手段为鱼线，是一种非常无赖的做法。

预设输赢的上限

在投资中，设定一个止损点（输钱的上限），可为你在失败的时候，留下一个容许自己反思错误的空间。

不妨细想，上回你损失大笔金钱的时候，是否因为无法控制来自心中的"诱惑"？想想身边有多少不懂得应付"诱惑"的人，终因贪念导致铩羽而归。

说来容易，做来难。

多吃不宜健康，这道理谁都懂，可是在自助餐厅吃八分饱就走的还是少数。

倾家荡产买股票的事情不算稀奇，但卖房子，甚至偷银行金库买彩票的事情居然也经常发生。

> 2005年，河南林州农行发生金库守库员监守自盗案件，被盗走现金
> 达224万元，用于买彩票。
>
> 2007年，河北邯郸农行两员工，监守自盗，运走金库5100万，也是
> 用于买彩票。

捞回赌本的诱惑，会让人变得丧心病狂。

买股票也好，买彩票也好，必须为克服"人性的弱点"准备一套风险控制措施，预设输赢的上限，不可贪图赢取更多的钱或讨回损失的钱而超越这个上限。

"屡败屡战"或许精神可嘉，但亏的却是钱财。久赌必输。上瘾的赌徒，只是一种幻想自己必赢，表现却坚决失败的病态的人。

小赌也要讲究"心理卫生"

现在，政府管制已经开明很多，亲友间带"彩头"的小赌已不算违法。但赌博毕竟是一种社会病，就算是小赌，"心理卫生"也不可忽视。

> 有一位女士，染上了赌博的习气，开始她也只是小赌，赌注押得
> 很小很小，似乎是一种游戏。但随着输的越来越多，就不断地把赌注加
> 码，想把输的钱捞回来。小赌发展为豪赌，以致倾家荡产，卖掉了自己
> 的首饰及其所有值钱物品。丈夫离她而去，赌债使她情绪低沉。在一个
> 雷雨之夜，她选择了轻生。

赌场赢钱的一个重要原因，在于赌客难免侥幸、贪婪、不服输，以致嗜赌成瘾。

如果你相信小赌怡情，请同时牢记卡尼曼和特韦斯基的箴言："一个人如果不能平静地面对自己的损失，就会参与到他原本不可能接受的赌博。"

你会利用"心理账户"吗

"赌神"叶汉，曾主管葡京赌场。写过一块告示："赌博无必胜，轻注好怡情。闲钱来玩耍，保持娱乐性。"

如果你不是一位职业玩家，完全可以把赌博看成一种高风险的娱乐，把输钱看成是为此而付出的费用。

赌是娱乐，娱乐付费，天经地义。你愿意为这种"消费"掏多少钱，要有清醒的认识。

比如，你只愿意付50元的娱乐费，那么输钱到50元时，就应该起身，不要恋战，不要加码，趁早收手。这样你就不会因为赌钱伤害友情，更不会投下足以摧毁自己的大数目。

赌瘾疫苗

曾有人问何鸿燊，有什么要劝告世人的，赌王告诫说："不赌即是赢。"

人类都进入了21世纪了，仍有国民痴迷于赌博，不能自已，广东等地不得不采取收紧通行证澳门签注措施。

大量的赌客不停赌下去，就构成了一个大的行为基数，赌场就是靠大数法则赚取稳定的利润。

如果，你看透了赌博背后的概率法则，每次下注，还会有那么刺激吗？

如果，人人都懂概率，那么人人都是职业赌家，全世界赌场都将歇业。

赌场之所以能够存在，就是因为大批概率盲的存在。

只有科学的概率知识；才能消解与生俱来的赌博冲动，这样的心理防线才是牢不可破的。

从本质上认识赌场，就如同接种了赌博疫苗，从此具有了抗病态赌博的免疫能力。

为什么"久赌神仙输"

久赌神仙输，常赢必出术。如果不作弊，赌客几乎没有常赢之机会。赌神，多数是靠运气却自以为理解了赌博奥妙的人。

赌场恒赢，并不是因为更精通作弊的技术，就算是正规的合法赌场，赌客也注定久赌必输。

根本原因有四：

1. "庄家的钱"效应。有不计其数的业余赌徒有着和新郎一样的心态，赢钱的情况下，即使牌差也敢下注，这叫"庄家的钱"效应。这些业余赌徒的这一心理偏差，是赌场最主要的利润来源。

2. 庄家优势。有涉及赌客与赌场对赌的赌戏，其规则是让赌场占有轻微优势，令赌场的期望收益率略大于零，只要长期玩下去，赢家必是赌场。正如萨缪尔森所言，博彩业本质上是娱乐业。赌客是在游戏，娱乐付费，是应该的。赌输，天经地义。

3. 赌客相信的是运气，赌场相信的是数学。这是愚昧与科学的对决。一个赌徒曾经问数学家帕斯卡，为什么他总是输，帕斯卡回答："你在赌桌旁边的时间太长了。"帕斯卡的回答虽然简单，却是真理。

4. 大数法则，我们在以后讨论。

第9章

小数法则

——无视先验概率

地球上每一秒钟都会有一个傻瓜产生。

——肖曼·巴纳姆

没有接受过统计学方面训练的人，是出色的"直觉型统计学家"。

——丹尼尔·卡尼曼

二战时候的一个冬夜，德军轰炸莫斯科。有一位教统计学的老教授出现在防空洞里，以前他从不屑于钻防空洞的。他的名言是："莫斯科有800万人口，凭什么会偏偏炸到我？"

老夫子的出现让大家甚感讶异，问他怎么会改变决心的。

教授说："是这样的，莫斯科有800万人口和一头大象，昨天晚上，他们炸到了大象。"

老夫子的滑稽，其实是所有"直觉型统计学家"的写照。

我们再来看一个例子：

在一次面向300名美国家庭主妇的电话民意调查中，60%的主妇支持美国总统。

你对这句话有什么印象？

如何用三个词总结这句话？很多人肯定会说：主妇支持总统。

这其实是一个"真实的谎言"。且不说电话民意调查者中形式有没有问题，但只选择了300个美国家庭妇女，就能代表全美国？统计样本太小了吧！

但很多人一见统计数字就很容易被说服，因为很多人本能地认为，统计学是科学，却不知道统计数字会撒谎。

大数法则

一位数学家调查发现，欧洲各地男婴与女婴的出生比例是22:21，只有巴黎是25:24，这极小的差别使他决心去查个究竟。最后发现，当时巴黎的风尚是重女轻男，有些人会丢弃生下的男婴，经过一番修正后，依然是22:21。中国的历次人口普查的结果也是22:21。

人口比例所体现的，就是大数法则。

大数法则（Law of large numbers）：又称"大数定律"或"平均法则"。在随机事件的大量重复出现中，往往呈现几乎必然的规律，这类规律就是大数法则。在试验不变的条件下，重复试验多次，随机事件的频率近似于它的概率。

大数法则反映了这世界的一个基本规律：在一个包含众多个体的大群体中，由于偶然性而产生的个体差异，着眼在一个个的个体上看，是杂乱无章、毫无规律、难于预测的。但由于大数法则的作用，整个群体却能呈现某种稳定的形态。

花瓶是由分子组成，每个分子都不规律地剧烈振动。你可曾见过一只放在桌子上的花瓶，突然自己跳起来？

电流是由电子运动形成的，每个电子的行为杂乱而不可预测，但整体看呈现一个稳定的电流强度。

一个封闭容器中的气体，它包含大量的分子，它们各自在每时每刻的位置、速度和方向，都以一种偶然的方式在变化着，但容器中的气体仍能保有一个稳定的压力和温度。

某一个人乘飞机遇难，概率不可预料，对于他个人来说，飞机失事具有随机性。但是对每年100万人次所有乘机者而言，这里的100万人可以理解这100万次的重复试验，其中，总有10人死于飞行事故。那么根据大数法则，乘飞机出事故的概率大约为十万分之一。

这就为保险公司收取保险费提供了理论依据。对个人来说，出险是不确定的，对保险公司来说，众多的保单出险的概率是确定的。

根据大数法则的定律，承保的危险单位愈多，损失概率的偏差愈小，反之，承保的危险单位愈少，损失概率的偏差愈大。因此，保险公司运用大数法则就可以比较精确地预测危险，合理地厘定保险费率。

小刀锯大树

赌客久赌必输的另一个秘密，即大数法则。

赌王何鸿燊刚刚接手葡京赌场的时候，业务蒸蒸日上。赌王居安思危，请教"赌神"叶汉："为什么这些赌客总是输，长此以往他们不来赌怎么办？"

叶汉笑道："这世界每天都死人，你可见这世上少人？"

叶汉的回答甚妙，道出了一条无论是保险公司、赌场还是骗徒，都信仰的法则——大数法则。

赌场本质上是一种温和的"概率场"，概率法则非常明显。一直玩下去，大数法则的作用就会日益显现出来。

前面我们说过，庄家在规则上占有少许优势，玩的次数越多，这种优势越能显现出来。

久赌神仙输，赌圣也不行。

一天，一位沙特王子入住葡京酒店。

王子找到赌王，说：我就和你玩一把掷硬币。出正面我给你50亿美金，出反面你的赌场归我。

赌王呵呵一笑：这个游戏固然公平，但不符合我们庄家的行事法则。我们开赌场不做一锤子买卖，而是小刀锯大树。如果你真的想玩，我们就玩掷骰子，1000下定输赢。你赢了，可以把我的产业拿走，我赢了，只收你20亿。

沙特王子无奈，只好退出赌局。

这个故事是虚构的，旨在说明大数法则之于赌场的意义。

开赌场不做一锤子买卖，而是"小刀锯大树"。

所以，赌场最欢迎的是斤斤计较、想碰一下运气的散客，他们虽然下注谨慎，却构成了庞大的行为基数。这种客人会给赌场老板带来几乎线性的稳定收益，是赌场最稳定的收入来源，这是大数法则在起作用。

还有一种是一掷千金、豪气干云的大赌客，他们的下注额若在赌场的风险控制范围，也很难从赌场赢钱，会成为赌场的VIP客户。

假如有一个超级赌客，比如上面虚构故事中的沙特王子。他的赌注超过了普通赌客的千倍万倍，这会导致赌场收益的大幅震荡，极端情况下可能导致赌场破产。

因此，全世界所有赌场都会设定最高的投注限额。赌场设最低及最高的投注限额，即便"新郎行运一条龙"的事故发生，也不至于让赌场亏太多。这样，赌场老板就可以安心睡觉了。

所有的VIP加起来，等于庄家和客人玩了一场长期游戏，大数法则依然有效。

赌场最不欢迎的，是深谙各种规则，处心积虑地想占赌场便宜的职业赌客。赌场背后称这种人为"无赖"。

"撞骗"的数理支持

你是否收到过这类短信：

请直接把钱打到工商银行卡号6220219······谢文军

这叫"撞骗"，是一种传统骗术。版本甚多，比如寄中奖信、打中奖电话、发电子邮件。

也就是骗子像没头苍蝇一样乱撞，"有枣没枣打一杆子"或许能"瞎猫撞个死老鼠"。

是不是觉得骗子很蠢？但骗徒的行为却是合乎科学的，在数理上是被支持的。

只要发出的短信足够多，其成功率非常稳定，合乎大数法则。

福建的某个小镇，众多乡亲都从事这个行当，短信群发器在这个偏远小镇非常普及。当警察抓获了这批刁民后。奇怪的是，过了很长时间了，居然还有钱不断地往查获的卡上汇钱。

有人曾做过统计，类似这种垃圾短信，每发出一万条，上当的人有七到八个，成功率非常稳定。人过一百，形形色色。一万个人里面，总会有几个"人精"，几个笨蛋，这是可以确定的。当然，也肯定会有几个爱恶作剧的人。有人收到这种短信，会忍不住打电话调戏骗子。

究其根源，都是由于大数法则的作用。在社会、经济领域中，群体中个体的状况千差万别，变化不定。但一些反映群体的平均指针，在一定时期内能保持稳定，或呈现规律性的变化。

大数法则是保险公司、赌场、撞骗的骗徒赖以存在的基础。

> 如果你被骗了，除了报警，还有一种办法可以用来保全财产。那就是，尽快拿骗子所发的银行账号登陆网上银行，输入密码。当然，输入错误的可能性非常之大，三次输错，银行就会锁定该卡。如果骗子还没有来得及把钱划走，你就有望保全财产了。

广结善缘

大数法则不仅是保险精算中确定费率的主要原则，它还是推销员的制胜之道。

大数法则用在业务员的人脉管理上，就是结识的人数越多，预期能够带来的商业机会的比例越稳定。

比如说，一个推销员给自己定下任务，每年结识300个客户或潜在客户，并把关系维系好。那么，三年后，他就有接近1000个"样本"。

如果100个客户里会有3个长期客户，三年后，他就有30个能给他带来稳定收益的老客户。

欧洲有位大亨，每年都定下目标，要与1000个人交换名片，并与其中的200个人保持联络，与其中的50个人成为朋友。

鸟瞰红尘，人海茫茫中，却均匀地分布着你的贵人。

无视样本大小

30多年前的一个下午，在芝加哥的一间咖啡馆里，特韦斯基和约翰·杜伊教授在悠然地喝着咖啡。

特韦斯基貌似无心地问：

> 有两家医院，在较大的医院每天都有70个婴儿出生，较小的医院每天有20个婴儿出生。
>
> 众所周知，生男生女的概率为50%。但是，每天的精确比例都在浮动，有时高于50%，有时低于50%。
>
> 在一年的时间中，每个医院都记录了超过60%的新生儿是男孩的日子，你认为哪个医院有更多这样的日子？

我们知道，大数法则需要很大的样本数才能发挥作用，基数越大，就越稳定。随着样本的增大，随机变量对平均数的偏离是不断下降的。所以，大医院更稳定。这一基本的统计概念显然与人们的直觉是不符的。

> 杜伊先生果然钻进了圈套，他认为较大的医院有更多超过60%的新生儿是男孩的日子。

再没有一种学问比概率更能让专家洋相百出了。一个整天向学生灌输大数法则的教授，自己居然不相信大数法则！

普通人又如何呢？

特韦斯基后来把这个问题做了严格的实验。22%的受试者认为较大的医院有更多这样的日子，而56%的受试者认为两个医院有相等的可能性，仅仅22%的受试者正确地认为较小的医院会有更多这样的日子。

小数法则

大数法则是统计学的基本常识，有人称之为"统计学的灵魂"。大数法则虽然威力无穷，普通人却因其其貌不扬而忽视。

针对人们在思考时常常无视大数法则的现象，特韦斯基提出了"小数法则"的概念。"小数法则"不是什么定律或法则，而是一种常见的心理误区。

用错误的心理学"小数法则"代替了正确的概率论大数法则，这是人们赌博心理大增的缘由。

小数法则：是一种心理偏差，是人们将小样本中某事件的概率分布看成是总体分布。人们在不确定的情形下，会抓住问题的某个特征直接推断结果，而不考虑这种特征出现的真实概率以及与特征有关的其他原因。

小数法则是一种直觉思维，很多情况下，它能帮助人们迅速地抓住问题的本质推断出结果，但有时也会造成严重的偏差，特别是会忽视事件的无条件概率和样本大小。

小贴士：

大数法则是一种统计定律；

小数法则是一种心理偏差。

大数法则是一种科学；

小数法则是一种迷信。

大数法则是中性词；

小数法则是贬义词。

爱因斯坦说：上帝不掷骰子。对上帝来说，一切都是确定的。

大数法则就是一种先验概率，而天生是"概率盲"的人类，却直觉地相信"小数法则"。

执着于代表性

律师在进行说服力训练的时候，会注意增加说服性细节。比如，在辩护的时候，一句话有两种措辞方式：

    A：被告离开事发现场。

    B：被告害怕惹来麻烦，匆匆离开事发现场。

你认为哪句话更具有说服力_____

作家在进行写作技巧训练的时候，也会渲染情节，将读者带入虚拟真实。

    A：狐仙离去，书生死了。

    B：狐仙离去，书生终日思念，在郁郁中病死了。

你认为哪一个哪个更真实（假设真的有狐仙）：_____
事实上，书生终究会死的。也许另结新欢，慢慢老死。也许会死于无妄之灾。

我们再做一个测试。

    霍雨晴是一位28岁的单身女性，聪颖机敏，性格直爽。她主修哲学，在念大学期间，就关注社会公平、环境保护等问题，曾参加过倡议保护藏羚羊的活动。
    你认为，以下哪个选选项最可能符合对霍雨晴的真实描述？
    A：霍雨晴是一位杂志主编。
    B：霍雨晴是一位杂志主编，同时是一位NGO（非政府组织）成员。

请选出你的答案：_____
卡尼曼曾经多次做过类似的测试，平均85%的被试者选择了B。

其实A已经涵盖了B。你选择B，就等于承认A。

卡尼曼总结：随着情景中细节的增加，该情景发生的概率只能降低。但由于多数人更注重代表性，它的可能性却在上升。

再看一个例子。

未来5年，你认为最可能发生的事件是：

    A：美国与俄罗斯爆发核战争。

    B：美国与俄罗斯爆发核战争。一开始，美国只是与俄罗斯争夺一些战略能源，产生了小的军事摩擦，随着双方军事冲突的日益升级，时局失去控制，终于爆发了核战争。

请选出你的答案：_____

这个测试更加有迷惑性，因为B项有迎合人们逻辑的推理在其中。

做生意，一定要懂得大数法则

当当网上商城的创办人俞渝女士，曾在一个叫作《创业百问》的电视节目中，和郭广昌这样讨论——

    郭总刚才讲的，5个合伙人，15年可以同步进步，这事我觉得违反自然规律。这个团队有人进步有人退步，有人进的多，有人退的少，这在经济学上来讲是一大数法则。

    以刚才描述的现象，在我听来，是一个小数法则的现象，小数法则里头有这种神话，而这种神话发生在您身上，那你很幸运，但是我觉得在其他正在建立团队的人身上，去同样复制可能性很小。我觉得做企业，一定要看大数法则……

郭广昌好像是复旦的高才生，但也落入了小数法则的谬误。在教人创业的时候，怎么能拿特殊当一般呢？

"做企业，一定要看大数法则！"

大数法则不够精准，也不代表最终结局，但创业者也好，管理者也好，记住这个"俞渝论断"，无疑是具有指导意义的。

股神大哥的预测模式

行为经济学家马修·拉宾曾假设：如果你是一位投资者，你亲见一位基金经理在过去两年中的投资业绩好于平均情况。你是否就会得出这位经理要比一般经理优秀的结论？真实的统计意义非常微弱。让我们来看看股神大哥的预测模式。

第一周发10000条短信，股神大哥预言某只股票的涨跌。其中5000条说某只股票涨，5000条说跌。

第二周，股神大哥向其中说对的5000人再发一短信，其中2500条说某只股票涨，2500条说某只股票跌。

第三周他再向说对的2500人发短信，其中1250条说某只股票会涨，1250条说某只股票会跌。

最后有1250人，发现这位股神大哥连续3次说对某只股票的涨跌，简直太崇拜了。其中有500人真的把钱交给他投资了。当然，如果赚钱是要分成的。

股神大哥拿到钱后会做什么呢？他会给这500个不同的账户各买一只股票，尽量让这些股票各不相同。一段时间过后，股票有的涨，有的跌。

如果一个人的账户买了一只涨的股票，他对股神阿猫就会更加信赖，甚至还会追加投资。

假如碰到一个大牛市，大部分时间里，大部分股票上涨概率大大超过下跌。因此，股神大哥的这种模式是非常有钱途的。

假如来了个大熊市，大部分股票在大部分时间下跌超过上涨，股神大哥也是不用负责，大不了退出江湖而已。

赌客谬误

小数法则的经典表现就是"赌客谬误"。

> 琼斯先生和琼斯太太一连生了五个女儿。
> 琼斯太太：希望我们下一个孩子是男孩。
> 先生：亲爱的，都生了五个女儿了，下一个肯定是儿子。
> 琼斯先生对吗？

众所周知，掷硬币正反面出现的概率为50％，在掷硬币游戏中，如果前几次大多数出现正面，那么很多人会相信下一次投掷很可能出现反面。这就是赌客谬误，也是很多赌客信心大增的原因。

随便到一家合法的赌场，就能看到这种赌客"猜反正"的现象：

> 连输几次就该赢了
> 连出几次红就感觉该出黑了
> 连出几次庄就以为该出闲了
> 连出几张是小牌肯定该出大牌了
> ……

这是很多赌客感觉能战胜庄家的理论依据，甚至很多有学问的赌徒写的"赌经"，都明显带有这种错误。

你可曾见赌客拿本子记录百家乐出闲和庄？赌瘾甚至可以让一个天资平庸的赌徒变成统计学教授。

再次强调，赌博是随机事件。

一枚硬币，连出三把都是正面，那么下一把出反面的概率仍然不会大于50%。

硬币也好，骰子也好，既没有记忆，也没有良心，概率法则支配一切。

理论并不难理解，但应用呢？

连抛100下硬币，会一直出正面吗

在《黑天鹅》一书中，作者纳西姆向两个人提出同一个问题。一个是"肥托尼"，一个粗俗的但善于钻营的家伙，一个是约翰博士，一位诚实的学究。

纳西姆：假设硬币是公平的，因为抛出硬币得到正面与反面的可能性是相同的。我把它抛出99次，每次都得到正面。我下一次得到反面的概率有多大？

约翰博士：简单的问题。当然是1/2，因为你假设每面出现的可能性是50%。

纳西姆：你的答案呢，托尼？

肥托尼：我会说不超过1%，这是显然的。

纳西姆：为什么？我最初假定硬币是公平的，每面都有50%的概率。

肥托尼：如果你相信所谓"50%"的说法，你要么是个草包，要么是个傻子。这枚硬币里一定做了手脚。这不可能是公平游戏。（也就是说，在硬币抛出99次，每次都得到正面的情况下，你对公平性的假定很可能是错误的！）

纳西姆：但约翰博士说是50%。

费托尼（在纳西姆耳边小声说）：我在银行的时候就知道这些傻瓜。他们的思维太迟钝了，你可以利用他们。

约翰博士的回答可能代表了教科书的标准答案。在某个聚会场合，笔者曾向朋友Jay请教过这个问题。

一枚绝对均匀的硬币，绝对公平地掷出。

连续99把都是正，接下来要再掷出一次，你认为出正的概率大，还是出反的概率大？

A：出正概率大

B：出反概率大

C：各占50%

Jay是留学英国的计量金融学博士，他谨慎地选择了C。

其实我觉得这是一个开放式的问题，一个"自由心证"的问题。

假设在某个场合，一个陌生的美女邀请你猜硬币。她向你保证她递给你的硬币是绝对均匀的。

你看着这位美女，将信将疑。怎么证明她的话是实话呢？

你说，在赌博之前先抛10次验证一下吧。

于是你连抛了10次硬币，结果，这枚硬币9次正面朝上，1次背面朝上。你说，这枚硬币一定是灌铅了。

这个陌生的女人递给你一本统计学教科书，书上说这种不平衡的结果每10次硬币测试中发生的概率大约是1/10。

尽管受到了欺骗的疑心加重了，但你还是相信教科书是不会错的。

于是，你要求再抛100次硬币来检验。这回是99次正面朝上！

这本统计学教科书又告诉你，100次抛掷中99次正面朝上的不是没有，但其概率是如此微小，以至于你费了好长时间才数清小数点后零的个数。

然而你仍不能100%地确定这枚硬币灌铅了，你永远也不能100%肯定，即使你继续抛上100年。只要有一次的可能性就可以让你相信，你冤枉了这个美丽的女人。

雅各布与大数法则

雅各布·贝努利（Jacob Bernoulli）1654年生于瑞士，他没有遵照父亲的意思去当律师或经商，而是自学成为了一名数学家。

雅各布和牛顿生活在同一时代，他有着贝努利家族传统的坏脾气和傲慢的心态，他认为他和牛顿不相上下。

雅各布生活的时代，是一个牛人辈出的时代。例如约翰·阿布斯诺特（John

雅各布·贝努利（Jacob Bernoulli）

Arbuthnot），他是皇后安妮的医生，也是皇家学会的会员，同时他还是一位业余数学家。他对概率十分感兴趣，他可以用丰富的病例来阐述他的观点，这也促成了他对概率的兴趣。在他的一篇论文中，他研究了"20岁的妇女是否有处女膜"的概率以及"20岁的花花公子没得淋病"的概率。这种风气，促使雅各布开始留意概率问题。

1703年雅各布·贝努利率先提出了如何从样本中发现概率的问题。

为了说明大数法则，雅各布假设了一个装满3000枚白鹅卵石和2000枚黑鹅卵石的瓶子，不知道每个颜色的鹅卵石的数目。

我们从瓶子中按不断增加的数目取出鹅卵石，并在将它们放回瓶子之前，记住每枚鹅卵石的颜色。如果我们取出越来越多的鹅卵石，最终我们会得到"接受必然的可能性"，也就是说，在实际事件上是必然的，但又不是绝对的必然——鹅卵石两种颜色的比率是3∶2。雅各布总结道，如果我们能"先知"的话，那么我们几乎能很准确地判断"事后"的事例的数目。他的计算显示，从瓶子中取出25550枚鹅卵石后，则有大于1000/1001的概率使其结果与真实结果（3∶2）间的差异在2%之内。也就是所谓的"接受必然的可能性"。

雅各布是成功的。现在，他宣称，我们可以对任何不确定的数量进行科学的预测了，就像是在机会赌博中所做的预测一样。他将概率理论领域的研究应用到了现实世界。

如果我们不用瓶子而用其他事物，例如大气或者人体。在它们之中，包含着大量的极其多变的进程和疾病，就像瓶子中包含着鹅卵石一样。对于这些，我们也能通过观察来判定哪个事件发生的频率更高。

雅各布教授自己的弟弟约翰也是位数学家，约翰和雅各布一样聪明，而且和他的哥哥一样，他是个对名声的追求近乎病态的人。

雅各布和弟弟约翰有一个习惯，就是对一个问题有竞争性地进行研究，并且在媒体中无情地攻击对方。

雅各布虽然发现了大数法则，但由于兄弟俩在科学问题上过于激烈的争论，致使双方的家庭也被卷入。以至于雅各布死后，他的《猜度术》手稿被他的遗孀和儿子在外藏匿多年，直到1713年才得以出版，几乎使这部经典著作的价值受到损害。

《猜度术》是雅各布·贝努利一生最有创造力的著作，在这部著作中，他提出了概率论中的"贝努利定理"，该定理是"大数法则"的最早形式。

由于"大数法则"的极端重要性，1913年12月彼得堡科学院曾举行庆祝大会，纪念"大数法则"诞生200周年。

《猜度术》是概率论的第一部奠基性著作，所含概率思想具有划时代的重大意义，可谓对概率论做出了决定性的贡献，推进了概率论的进一步发展，因而其出版是概率论成为独立数学分支的标志。

第**10**章

过度自信
——认知自大与错误研判

适度的夸张是无害的。

——唐纳德·特朗普

愚人做蠢事并不稀奇，聪明人做蠢事才叫人笑破肚皮；因为他会使出浑身解数，来证明自己是个笨蛋。

——莎士比亚

在人类的进化史上，乐观，或者说自负、骄傲这种品质，曾经非常重要，是一种"优秀品质"，它可以帮助我们的祖先在生存斗争中存活下来。

假设有一位古代丛林中的猿人非常理性、客观，他将日日夜夜担心会被豺狼虎豹吃掉，即使不会精神崩溃，也会患上抑郁症。

两个实力相当的动物如何在搏斗中胜出？靠的是信心膨胀，狭路相逢勇者胜也。

传统经济学假设人是理性的，行为经济学偏偏要证明人是非理性的。按照行为经济学的说法，我们都没有自己想象的那么高明。

行为经济学的过度自信理论（Over confidence Theory）认为，大多数人会高估自己的能力、知识和智慧（包括那些自我意识很健康，以及那些非常缺乏自信心的人）。

适度自负才健康

1997年，美国一家新闻机构做了一个调查，问美国老百姓谁最可能上天堂。

52%的人选了曼德拉。

60%的人选了戴安娜。

66%的人选了奥普拉（美国著名的脱口秀主持人）。

79%的人认为特蕾莎修女才够格。

87%的人选了——他自己！

人们对自己的评价，永远比别人要高那么一点。过度自信的迹象充斥着我们的生活。

一般而言，男人对自己的评价比实际上更风流倜傥。女人对自己的评价比实际上更单纯忠贞。

你是情场高手吗？一项调查显示，大约83%的法国人认为，自己调情的本领是一流的。

客观地划分，应该1/3的人一流水平，1/3的人一般水平，1/3的人一般水准以下。

这个无聊的调查表明，人类普遍存在认知自大的现象

好听一点的说法，这叫自信，毕竟这种心态能使我们积极地面对生活，无畏地面对种种生活的考验。

但是，按照理性的分析，这种自信很可能是过度自信，它会使我们遭受挫败。

话又说回来了，有很多事情就是靠人们这种傻傻的自信成就的。

"傻瓜力量大"，是有一定道理的。在自然选择的过程中，"自欺"可以给人以勇气，可以"欺骗"对手，从而在斗争中存活下来。

精神病学上有所谓"自大妄想"一说，但是研究显示，对自我的认知有轻微的自大倾向才是正常的，绝对自知之明的人反而会有忧郁倾向。

夜郎自大

夜郎自大的人无处不有，不用多论证，你也很难不同意。

事实就是这样，过度自信的情况无处不在，连那些猛人、牛人都免不了犯这种毛病。

可是，问题在于，你很难认同自己也有这种毛病。

更有甚者，一旦我们开始讨论这一倾向，你那神圣不可侵犯的自信心立刻警觉起来："我应该是比较虚心的！"

过度自信经常让你跟别人相比，并觉得自己还不算太差，甚至不切实际地自我陶醉。

20多年前，心理学家对瑞典的汽车驾驶员进行过一项调查，发现有90％的人自认为驾驶技术属于中上水平。显然，这里面有很多驾驶员缺乏自知之明。这正是过度自信的典型例子。

放眼望去，过度自信的迹象充斥着我的生活。

有人曾对500名已婚女士进行匿名调查，问她们男性婚后出轨的概率，平均而言，她们认为男人出轨的概率超过55％。再问她们自己老公出轨的概率，平均而言，她们认为不会超过10％。

各种创业选秀节目曾经很火热。许多观众感觉里面的选手表现不过如此，绝大多数是没有自知之明，跑到电视上自暴其短。可是，真的换成自己，就一定会表现的更好吗？

统计显示，大学生创业失败率高达97％以上，新浪中国人力资源部总监段冬表示："在我接触到的学生创业群中，创业的失败率是99％。"

如果不是由于过度自信，不会有那么多人决定去自己创业。

大多数创业者都知道创业成功的可能性不大，但还是前仆后继。他们实在不应该这么乐观，也不应该这么自信，因为有大部分的小企业，寿命不到4年。换句话说，大多数小企业老板都相信他们有能力克服困难，打出一片天下，可惜大多都是竹篮打水，一场春梦。

你自信过头吗

我们来做个由美国心理学家设计的信心游戏，这个游戏可以帮助你了解自己是否过度自信。

你可能不知道这些问题的正确答案，不过这问题不大，只要你根据估计，给出一个最小的估计数字和一个最大的估计数字，以确保正确答案有90％可能性在这两个数字之间即可。

你要认真地提出两个数字，而且你必须有90％的把握，认定正确答案就在这两者之间。换句话说，这些答案要让你能够安心地拿出90元钱为之打赌，以赢取10元钱。

	90%信心区间	
	低	高
1. 截至2008年，地球上有多少个独立国家？	——	——
2. 月球直径有多少公里？	——	——
3. 上海到芝加哥的空中距离是多少公里？	——	——
4. 人体一共有几块骨头？	——	——
5. 蓝鲸的平均体重是多少吨？	——	——
6. 多少士兵死于第一次世界大战？	——	——
7. 尼罗河的长度是多少公里？	——	——
8. 一头亚洲象妊娠的时间是多少天？	——	——
9. 贝多芬出生于哪一年？	——	——
10. 俄国女皇凯瑟琳有多少个情人？	——	——

注意不要让这个范围太大（缺乏自信），也不要范围太窄（过度信心）。

根据这个选择范围，10个问题你应该答对9个才是。

你对自己回答正确的把握是多大？假如你有九分把握，你就至少要回答对7个问题。答案附在本节末尾，看看正确答案有几个在你估计的范围之内？

假如你有90%的把握，那么你只能答错一个问题，事实在于你对自己的答案过于自信了，即使你没有关于这些问题的知识。

大部分人只答对了3到6个问题。只有不到1%的人回答正确了9个以上题目。

读书多也没用，笔者也答错了6个问题。

其实，试图回答这些问题的人，大多不能充分估计自己对这些题目有多么缺乏了解，也不知道如何提出最高和最低的估计数字，好让正确答案落在两者之间，因此，他们常常提出的估计数字差距不够大，不足以弥补他们的无知。

如果你觉得"我对亚洲象究竟有多重毫无概念，所以为了保险，我宁可猜得高一点和低一点"，那么你就可能提出差距足够大的两个数字。

但是，一般人在刚刚得知这一问题时，心里早已产生了一个有关波音亚洲象的重量或月球直径的概念，所以他们大多还是根据这一标准，提出了最高或最低的估计数字。

因此，你在提出最高和最低估计数字的时候，必须做极大的调整。可是很多人却不小心认定了他们心中的猜测数字，这说明他们对自己太过自信了。

坦白地说，除非你是专业人士，否则你猜出的数字很可能差上十万八千里。这种情况下，还不如坦白地说："我对这些问题一点概念都没有，我退出。"

本节中题目正确答案为：

194个国家，

3476公里，

12000英里，

206块骨头，

150吨，

830万，

6770公里，

645天，

1770年，

12个。

计划谬误

要了解过度自信，以及造成这种心态的理由，还有一个办法，就是检讨心理学家所谓的"计划谬误"。这种现象是我们人类常见的毛病，比如说拖拉、不能按时完成工作等。

在我们日常生活中，经常有许多事情超过预定时间才能完成。

美国的《个性与社会心理学》期刊，曾经发表了一篇有趣的研究报告。这项研究要求一批心理系的学生，尽可能正确估计他们需要花多长时间，才能完成学术论文。

主持这项研究的学者罗杰·布勒也要求这些学生估计"如果一切顺

利", 以及"如果非常不顺利", 他们需要多少时间才能完成论文。

结果, 一般学生估计他们平均要花33.9天才能完成论文。但是, 如果一切非常顺利, 平均要花27.4天。如果一切非常不顺利, 就要花48.6天。

事实上, 这些学生最后平均花了55.5天才完成论文。

1957年, 澳大利亚决定兴建一座歌剧院, 当时预算的工程费是700万澳元, 计划1963年初完工。结果歌剧院直到1973年才落成, 规模比预想的要小很多, 却花费了1.04亿澳元, 相当于现在的6亿多澳元。

1976年, 加拿大蒙特利尔争取到了奥运会的主办权。市政府宣布, 整个奥运会只需花费1.2亿美元就够了。田径赛场将设在世界上第一座装有活动屋顶的体育馆。结果是奥运会如期举行, 可是这座体育馆的屋顶直到1989年才完成, 仅此屋顶就花掉了1.2亿美元。为此, 蒙特利尔市欠下了大量债务。

2007年末, 蒙特利尔传出消息: 1976年奥运会的债务终于还清。对蒙特利尔人来说, 奥运债务一日没还清, 奥运会似乎就没有完全结束。可以说, 这是一届长达31年之久的奥运会, 终于可以谢幕了。

类似的建筑, 在世界上各个城市都能找到, 它们是人类认知自大的纪念堂。

灾难的根源

根据我所有的经验, 我没有遇到任何……值得一提的事故。我在整个海上生涯中只见过一次遇险的船只。我从未见过失事船只, 从未处于失事的危险中, 也从未陷入任何有可能演化为灾难的险境。

——E.J.史密斯, 泰坦尼克号船长, 1907年

但是, 泰坦尼克号于1912年沉没, 成为历史上最著名的沉船事故。

我们再来看两个"小概率事件"。

在切尔诺贝利核泄漏事件发生前2个月, 乌克兰能源与电气大臣Vitali Skylarov这样说: "这里发生泄漏的概率是10000年都难遇到的。"

在挑战者号航天飞机的第25次发射之前，美国宇航局（NASA）的官员"对飞行风险的估计是1/100000"，也就是这样的风险估计大致等于航天飞机在300年的时间内每天发射，也只可能产生1次事故。如此的自信，却毁于瞬间。

美国挑战者号航天飞机失事以及切尔诺贝利核泄露事件的原因，如果不是官员为了保住工作而撒谎，那么一定是过度自信。过度自信给人类带来了难以抚平的伤痛和惨痛的教训。

省小钱，费大事

笔者有个亲戚，买了套二手房，需要把门锁换掉。换锁还不是小事一桩？为什么要让防盗门公司白白赚这几十块钱？自己去五金店买了副防盗锁来换锁芯。

结果呢，浪费了一下午时间，拧坏了两把螺丝刀还是没有解决问题。最后不得不让防盗门公司的工人来。算来他也是个有事业的人，时间也很宝贵，居然就这么浪费了。

再如，有些人讨厌中介，出租房屋，挂出谢绝中介的牌子。以为这样可以省掉一层盘剥。然而，房东可能低估了这项工作的复杂性，又高估了自己处理这些问题的能力。

一些房东最后还是不得不去找房产中介。就连那些成功出租房子的屋主，也并不见得省下了什么钱，因为成交的房租可能不是最佳的。甚至有房东因一些预料不到的问题与房客对簿公堂。

过度自信导致交易频繁

一个对自己没有任何信心的人是不会去投资的，更不要说投机。作为投资者，必须避开过度自信的心理陷阱。

研究表明，过度自信的投资者会频繁交易。

心理学家发现，在男性化的职业范畴，比如体育竞技、组织领导、财务管理等，男人比女人有着更严重的过度自信。因此，男性投资者比女性投资者交易更加频繁。

单身男性投资者又比已婚男性投资者交易更加频繁。

经济学家布拉德·巴伯和特伦斯·奥迪恩的调查显示，单身男性的账户年周转率平均为85%，已婚男性的账户年周转率平均为73%。

在巴伯和奥迪恩的另一项研究中，他们取样1991年至1996年中的78000名投资者，发现年交易量越高的投资者的实际投资收益越低。过度自信的投资者更喜欢冒风险，同时频繁的交易也导致交易佣金过高。

交易频繁不仅会导致高额的佣金成本，还会导致投资者卖出好的股票而买入差的股票。

控制错觉

参加投资活动会让投资者产生一种控制错觉（illusion of control），控制错觉也是产生过度自信的一个重要原因。

控制错觉的最主要原因是"主动选择"。作出主动的选择，会让人错误地认为自己对这项投资有控制力。

到一家彩票投注点去观察，大部分彩民是自己选号。尽管主动选择与机器选号中奖概率完全一样，但是在买家内心却认为自己选择的号码有更多的胜算。

1987年美国股灾后，行为金融学家罗伯特·希勒做了一个问卷调查，当问及"你当天就知道会发生反弹吗？"时，没有参与的交易者有28%做肯定回答，参与的人则有50%回答"是"。

希勒又接着问："如果是的话，你是如何知道的？"

多数人回答"凭直觉""历史证据与常识"等。

这种事后聪明会使投资者不重视对行为的反省。由此也可看出人们常会过于相信自己的判断。

资讯幻觉

传统的观念是，资讯越多越好。其实，过多资讯对投资者来说并无帮助，有时反而更像一种噪声。

过度自信的根源来自"资讯幻觉"——资讯越多，把握越大。心理学家曾经做个一个实验：

> 让赌马者从88个他们认为对计算胜率有用的变量中做出选择。比如往日赛马的成绩表、马匹的健康指数等。
>
> 先给赌马者10个最有用的变量，让他们作出预测。
>
> 接着，又给他们10个变量，让他们再做预测。
>
> 资讯的增加，并未增强预测的准确性，奇怪的是，他们对预测的信心却极大提高了。

投资者和证券分析师们在他们有一定知识的领域中特别过于自信。然而，提高自信水平与成功投资并无相关。基金经理人、股评家以及投资者总认为自己有能力跑赢大盘，然而事实并非如此。

概率盲

过度自信另外一个来源是，决策者对概率事件研判错误。

卡尼曼认为，人们对于小概率事件发生的可能性产生估计过高，认为其总是可能发生的。大批"概率盲"的存在，是保险公司、博彩公司赚钱的心理基础。

行为经济学家在研究人们的表现行为时发现，人们买保险的时候，高估了倒霉发生的可能性。他们称之为"对可能发生的小损失投保的偏好"。

去网上搜搜"买彩票"，悲剧实在不少。某人两个月时间里，花1.4万元积蓄去买彩票，没有中奖后竟然割腕自杀。通过买彩票暴富，只是一种传说。可对于"概率盲"来说，这并不是美梦，而是事业。买彩票，中大奖，几乎成了他们的人生目标。

"概率盲"一心巴望着高额的报酬，却不顾小概率事件发生的可能性，对百万分之一的态度与千分之一几乎没有差别。

概率盲的特点：

　　高估小概率事件发生的可能性。

　　对于中等偏高程度的概率性事件，又易产生过低的估计。

　　对于90%以上的概率性事件，则认为肯定会发生。

人们这种错误的概率研判，是过度自信产生的另一个主要原因。

解释的冲动

事关金钱，赌徒的迷信实在是多。

除了"情场得意，赌场失意"，比较著名的还有令狐冲那句"一见尼姑，逢赌必输"。

人一倒霉，就爱乱找原因。

人类历史盛行着一种古老的谬误：如果在A之后发生了B，那A一定导致B。

　　假设有位史前猎人，某天听见一只喜鹊在叫，接着他猎到了一只鹿。从此他就认为，这喜鹊的叫声能带来好运。

　　这位猎人打了个喷嚏，接着有位亲戚来访，从此他就相信，打喷嚏必然兆示有客人到来。

只有将不确定性变为确定性，人类才能获得安全感，才能睡得香，这是亘古不变的思维习性。

心理学家吉拉维奇（Thomas Gilovich）通过对费城76人球队的球迷、教练、队员的调查发现，大家都有一信念：如果队员投篮连续命中，大家都相信球员"手感好"，下次投篮还会得分。

事实上，篮球教练也是根据球员"手感理论"来确定攻防战术的。

但吉拉维奇通过大量统计分析却表示，手感理论只是一种迷信，实际并不存在这种现象，即：同一个队员，投篮的进球情况在统计上没有任何必然联系。

吉拉维奇的发现在美国体育界引起轩然大波。

吉拉维奇居然敢否定大家的常识！这个结论，很难让人接受。

牝牛和牡马，就算发情也不会交配，是谓风马牛不相及。把驴唇和马嘴作为因果，是人类不易觉察的思维盲区。

生活中存在很多无厘头理论，用来作为谈资也就罢了，用来指导行动只能误入歧途。

> **长裙理论**（Skirt length Theory），经济学家乔治·泰勒发现，经济越不景气，妇人的裙摆就越长。1929年股市崩盘，大萧条到来的时候，那时妇人的裙摆很长。20世纪60年代黄金时期，道琼斯指数直上万点，女装中迷你裙大行其道。20世纪70年代，阿拉伯国家石油禁运导致美国经济不振，很多设计师都推出长可及踝的裙子。

> **墨菲定律**（Murphy's Law），据说缘于美国一位名叫墨菲的家伙，他认为他的某位同事是个倒霉蛋，不经意说了句笑话："如果一件事情有可能被弄糟，让他去做就一定会弄糟。"没有想到竟得到很多人的共鸣。墨菲定律后来被归纳为"凡可能出错的事情，必定出错（Anything that can go wrong will go wrong）"。

本能地寻求规律

正如蜘蛛爱到处结网，人类大脑生来就爱归纳，强迫性地爱总结，就像一种生理需要。

特韦斯基指出，人类的思维，倾向于从无序中看出秩序，从不规律中找出规律。即便是从一大堆随机的经济数据中，也能推出所谓的规律。

韩乔生老师无意间开创了一个全新的解说新门派：意识流。"迅雷不及掩耳盗铃"这句妙语之后，反映的是大脑这台逻辑机器的滑稽。

> 有没有玩过这个游戏？先是伸出一个指头，问：这是几？
>
> 答：一。
>
> 再伸出二个指头，问：这是几？
>
> 答：二。
>
> 再伸出三个指头，问：一加一等于几？
>
> 答：三。

以上情形仅仅是生活中的小乐子，无害甚至有益。

但在投资中，有人也犯这样的错误。

特韦斯基证明，许多事件的发生完全是由于随机和运气因素的结果，而人类有一种表征直觉推理（representative heuristic）的习惯，即从一些数据的表面特征，直觉推断出其内在的规律性，从而产生认知和判断偏差。

这是过度自信的另外一个来源。

高手的不确定

索罗斯，这个以哲学为娱乐、言必称波普尔的投机者，不断强调自己常犯错误，但这丝毫不影响他成为最伟大的投机家。

真正的高手，已经不需要论证自己正确来提升自信。

> 1979年，索罗斯创立"量子基金"，以纪念德国物理学家海森伯。海森伯发现了量子物理中的"测不准原理"，而索罗斯对国际金融市场的一个最基本的看法就是"测不准"。
>
> 索罗斯认为，就像微粒子的物理量子不可能具有确定数值一样，证

券市场也经常处在一种不确定状态，很难去精确度量和估计。

经济学家列支腾斯坦曾做过一实验：

给被试者12只股票的市场报告，并请他们预测在给定的时间段内，这些股票将会看涨还是看跌。

实验结果：这些结果只有47%是正确的（比预期还低），但平均的信心度却达到了65%。

列支腾斯坦发现：

当准确度接近随机水平时，过度自信达到最大。

当准确度从50%增加到80%时，过度自信会随之减少。

当准确度超过80%时，人们会变得不自信。

也就是说，预测准确度越高的人，越少出现过度自信现象。

正所谓"一瓶子不满，半瓶子晃荡"。顶级交易员、桥牌高手、专业赌徒很少会表现出过度自信，但对于"半瓶醋"，过度自信现象是普遍存在的。尤其投资新手，刚刚上手时，那种自信，溢于言表。

求偶期的男人最自负

过度自信很可能与人体的某种内分泌激素有关。研究发现，过度自信会导致投资者更频繁地进行交易。

在金融学教授布莱德·巴伯和特伦斯·奥丁的一项研究中，他们取样1991年至1996年中的78000名投资者，发现年交易量越高的投资者的实际投资收益越低。

但真正有趣的发现在后面：心理学家还发现，在比较男性化的职业中，比如体育竞技、组织领导、财务管理等，男人比女人有着更严重的过度自信。因此，男性投资者比女性投资者交易更加频繁。单身男性投资者又比已婚男性投资者交易更加频繁。

巴伯和奥丁发现，女人的年投资回报率（经风险因素调整后）比男人平均高约一个百分点。女人的交易频率更低，持有组合的波动性更低，对回报率的心理预期也比男人低。

巴伯和奥丁的调查显示，求偶期的单身男人比已婚男性更容易过度自信。他们的账户年周转率平均为85%，已婚男性的账户年周转率平均为73%。过度自信的投资者更喜欢冒风险，同时频繁的交易也导致交易佣金过高。交易频繁不仅会导致高额的佣金成本，还会导致投资者卖出好的股票而买入差的股票。

单身男人更自负，可能来自一种生物本能。

假设有一位单身汉，自恋、自负，又自作多情。其实，在别人眼里，他各方面都很平庸，甚至庸俗。如果有人鄙视他，他就反唇相讥：鄙视我的人那么多，你算老几？你这是在嫉妒我。他觉得很多女孩都对他有好感，只要他认真追，就能追到。但是客观上，他的失败率非常高，高达99%。

然而，一旦成功，他就会同女孩结婚生子，基因得以延续。尽管前九十九次属于判断失误，但最后一次成功（收益），足以抚平以前所有的创伤（损失）。就像一首歌唱的，爱，真的需要勇气。

一个物种得以存活到今天，并非它们真的多么优秀，多么高尚，仅仅是更能适应而已。

自知之明是一种理智。但理智只是生存工具之一，这工具本身有其局限。比如在求偶的问题上，自知之明就未必高明。

第**11**章

懊悔理论
——懊悔规避与寻求自豪

这个世界的问题在于聪明人充满疑惑，而傻子们坚信不疑。

——伯特兰·罗素

口说笔写的哀痛文字，最令人伤心断肠的，莫过于"早知如此"！

——约翰·惠特曼

每一天，张三都走同一条路回家。

某一天，张三突发奇想，选择另一条路回家，结果被一只狗咬了，这时张三什么感觉？

假如，张三是在以前每天都走的老路上被狗咬了呢？

两相比较，因为改变而产生的那部分额外的挫折感就叫"懊悔"。

楼市暴涨，该不该将投资的房子卖掉

朋友老侯有一处多余的房产，当初25万买的，现在赶上楼市红火，可以卖到75万，他问我该不该出售，再不出售，房市恐会下滑。但是房价还在往上涨，如果现在卖掉，将来后悔怎么办？

于是，我从书架上抽出一本老中医陈纯仁写的《银元时代生活史》给他看。陈纯仁原是上海滩的名医，后来定居香港。在其作品中，陈纯仁讲了这样一段读来颇感沧海桑田的故事。

清末，著名古泉家丁福保，花800块银元买了上海一块地皮，十几年后卖得136000块银元，增值170倍。陈纯仁对此十分钦佩。

在丁公的指导下，陈纯仁花5200块银元从农民手中买了上海愚园路的一块地，当时愚园路只是一片荒芜。

三年后，愚园路增建了基础设施。有人向陈纯仁开价30000块银元买此地。

陈纯仁有意出售，但又害怕卖早了自己会后悔。便又向丁公请教。

丁公的回答滴水不漏："照短线来说，你卖掉并没错，但以后的涨跌，你不要再放在心上。"

多年以后，地价已涨到10万以上。

几十年后，读陈纯仁的文字，仍能感觉到隐隐的遗憾。

人云"世间没有后悔药"，但对投资之事若能"讲究心理卫生，置若罔闻"就不至于长生太大的懊悔。

懊悔规避

1980年，理查德·泰勒在《经济行为和组织》期刊上，首次提出了Regret Theory，有学者把Regret翻译为遗憾，也有人翻译为后悔，但感觉都不够契合。笔者不才，姑且将其译为"懊悔理论"。

泰勒做了类似这样一个测试：

甲先生在电影院排队买票。到了售票口，他发现他是这家戏院的第1万名顾客，因此得到了1000元奖金。

乙先生在另一家电影院排队买票。他前面的人刚好是这家戏院第10万名顾客，得到了10000元奖金，而乙先生因为紧随其后，也得到了1200元奖金。你愿意当甲先生还是乙先生？

泰勒说，出乎意料的是许多人宁可当甲先生（得到1000元），而不愿意当乙先生（可以拿到1200元），理由就是不想感到懊悔。跟10000元奖金失之交臂，会让这些人痛心不已，因此他们宁可少拿200元，也要避免因为懊恼而跺脚。

泰勒把这种心态称为"懊悔规避"（Regret aversion）。

千金难买早知道，懊悔对心灵的摧残是漫长而痛楚的。懊悔理论对人生、事业、投资都具有哲学意义。

行动的懊悔VS忽视的懊悔

假设你是一位"彩民",而你只能每天花2块钱买一张彩票。半年来,你每天都只买同一组号码,可惜你一直没有中奖(这太正常了)。这时,好友建议你改买另一组号码,你会改变吗?

不用解释,你也知道原来那组号码与新的号码中奖概率完全一样。

但你知道,可能会面临两个懊悔。

第1种懊悔:不听劝,继续原来的号码,但是新号码中奖了,你的没中奖。

第2种懊悔:听人劝,改买新一组号码,但是原来那组号码偏偏中奖了,新号码却没中。

这两种懊悔,哪一种带来的痛苦更强烈?

多数人会觉得第2种懊悔更为强烈,因为你已经对原来那组号码倾注了太多感情。

第1种懊悔,因为没有采去行动,我们叫它"忽视的懊悔"。

第2种懊悔,因为采取了行动,我们叫它"行动的懊悔"。

行动不如不动

对于多数人来说,行动的懊悔,要大于忽视的懊悔。所以,有时候,我们宁可将错就错,也不愿打破现状,对其他选择故意忽视。

假设阿聪拥有价值10000美元的"海神"公司股票,一个好友建议他把这些股票卖掉,改买10000美元的"华星"公司股票。阿聪没有理会。一年后,"海神"股价跌了30%,他原来的10000美元现在只剩下700美元。

现在，假设苏苏拥有价值1000美元的"海神"公司股票。在同样的期间，一个好友建议她卖掉这些股票，改买1000美元的"华星"股票，她照做了。一年后，"华星"股价跌了30%，使她的1000美元投资只值700美元。

以上二例中，你认为阿聪和苏苏哪一个人会更难受？

实验表明，大多数人认定苏苏会更难过些。毕竟苏苏是因为采取了行动，后来才赔了钱，阿聪却什么都没做，至少表面上是这样。其实这两个投资人心里都不好受，只是苏苏可能自责更多些罢了。她可能怪自己多事，或者怨自己自作自受。

进退维谷

阿福是一个股民，在网上炒股票，交易费用为零，股票抛出以后，钱会自动转账到他的活期存款账目中。

上个月，阿福买了10000股"海神电气"，当时买入价是32元/股。

阿福今天上网一看，却发现形势不妙。"海神电气"已跌到了15元/股。阿福呆呆地坐在电脑面前，到底要不要抛掉呢？无法做出最后的决定。

鼠标就停在"抛售"这个按钮上，但阿福始终没有勇气点下去。

问：如果你是阿福，你最终究竟会选择抛，还是不抛呢？

实验结果是绝大多数人都选择"不抛"。

正当阿福举棋不定的时候，电话铃响了。当阿福接完电话再次走进房间时，发现宠物猫咪爬到桌子上了，猫爪子正好搭在鼠标上，按下了"抛售"键。

阿福原先的320000元，现在已经变成了150000元，并且实时地转到了他的活期账目中。

问：如果你是阿福，你现在是否立即再把"海神电气"买回来以继续持有呢？还是再等等看，或者把这150000元投资于其他的股票。

实验结果是大部分人选择不买。

其实这两道题是等价的，你所需做出的决定都是在"海神电气"价格15元/

股的情况下，决定到底是继续持有还是立即出手。

如果你不想卖掉你的股票是因为你觉得它行情看涨，那么猫咪是否"闯祸"并不影响它的行情，你应该在猫咪"闯祸"后再把它买回来；如果说猫咪"闯祸"以后你不愿意再把它买回来，说明你不看好这只股票，那么你应该在第一个问题里面就把股票卖掉。

这个实验是由华裔学者奚恺元教授设计的，叫作"持有者悖论"。

"随大流"源于怕后悔

懊悔规避和寻求自豪可以解释投资者的从众心理（或"羊群效应"）。

人们"随大流"，是为了避免由于做出了一个错误的投资决定而后悔。

许多投资者认为，买一只大家都看好的股票比较容易，因为大家都看好它并且买了它，即使股价下跌也没什么。大家都错了，所以我错了也没什么！

如果固执己见，买了一支大家都不看好的股票，买入之后它就下跌了，自己就很难合理地解释当时买它的理由。

此外，基金经理人和股评家对名气大的上市公司股票情有独钟，主要原因也基于此，因为如果这些股票下跌，他们因为操作得不好而被解雇的可能性较小。

固守现状

"懊悔规避"可以帮助我们理解政治和经济生活中的一些现象。

比如，历史上许多的重大改革，都是"危机驱动"——不到迫不得已，不会去改革。保守的政治领袖会采取明哲保身的策略，不去做决策或仅做无关紧要的决策。因为如果做出的决策导致了损失，这比起不做决策或做出的决策没有效果来说，将会引起更大的懊悔。

再如，面对熟悉和不熟悉的品牌进行选择时，消费者更乐于选择熟悉的品牌。

因为，消费者可能会考虑选择不熟悉的品牌造成效果不佳时的懊悔比选择熟悉品牌的懊悔要大。

传统经济学的坚决捍卫者——保罗·塞缪尔森，曾经通过一个经典实验来揭示人的这种心态。被试者是一些对经济学和财务知识有相当认识的学生，给他们出了下面这几个问题：

> 你经常阅读有关金融方面的报道，可是一直没有钱能够用于投资。最近，有个远房亲戚遗留给你一大笔钱。你通过仔细考虑后，把投资的范围缩小到以下4种选择：
>
> A. 购买甲公司的股票。这种风险适中的股票，在未来一年中，有50%的机会股价会提高30%，有20%的机会股价会维持原状，有30%的机会股价会降低20%。
>
> B. 购买乙公司的股票。这是一种风险较高的股票，未来一年有40%的机会股价会提高1倍，有30%的机会股价会维持原状，有30%的机会股价会降低40%。
>
> C. 购买美国国库债券，几乎可以确保未来一年能够得到9%的报酬。
>
> D. 购买市政债券，几乎可以确保未来一年能够得到6%的报酬，免税。
>
> 你会选择哪一项投资？

不出所料，这些被试者大多数是根据自身承受风险的能力来选择投资的。因此，有32%选择了中度风险的股票，有32%选择了保守的市政债券，有18%选择了风险较高的股票，另外18%选择了国库债券。

但是，这些结果并不特别重要或有趣，真正有意思的还在后面：塞缪尔森向另外几组学生提出了类似的问题，只不过他们是在某种现状下做选择。也就是说，这些学生发现他们接受的财产已做了某种投资安排，而他们必须决定究竟是要维持这种投资，还是要加以改变，请看下面的问题：

> 你经常阅读有关金融方面的报道，可是一直没有钱能够用于投资。最近，有个长辈遗留给你一大笔财产，其中一大部分已投资购买了甲公司的股票。现在你必须决定究竟是要维持原状，还是要把钱投资到别的

地方，而且不必考虑税收和交易佣金。你会选择哪一种方式：

A. 保留甲公司的股票。这种风险适中的股票，在未来一年中，有50％的机会股价会提高30％，有20％的机会股价会维持原状，有30％的机会股价会降低20％。

B. 投资购买乙公司的股票。这种风险较大的股票在未来一年中，有40％的机会股价会提高1倍，有30％的机会股价会维持原状，有30％的机会股价会降低40％。

C. 购买美国国库债券，几乎可以确保未来一年可以得到9％的报酬。

D. 购买市政债券，几乎可以确保未来一年可以得到6％的报酬，而且不必缴税。

这些实验的结果如何呢？不论设定的现状是哪一种投资，大多数人都选择维持现状。例如，一旦获悉这笔钱已用于购买市政债券，有47％的人会决定维持这种非常保守的投资。相比之下，在前面的实验中，资金尚未做任何投资时，只有32％的人选择市政债券。

这实在令人费解：如果没有特殊情况，只有3/10的人会把钱放在市政债券里。但是，一旦获知钱已经买了市政债券，几乎有一半的人会认为这是最适当的投资，尽管当初这样做并非出自他们的选择。

"固守现状"的并非现状真的多么吸引人，根本原因在于人们害怕懊悔，厌恶悔恨。

追求自豪的"卖出效应"

经济学家谢夫林（Hersh Shefrin）在一个研究中发现：与懊悔规避相应，决策者还有一种寻求自豪的动机。假设你有两只股票，一只赚了20％，一只赔了20％。你现在缺钱，必须卖出一只，你会卖哪个呢？

一般人会有这样的逻辑：

卖掉赔钱货，会造成该股票已经赔钱的"事实"，承认当初的抉择是错误的，会带来一个懊悔。再等一等，也许会变成赚钱的股票呢！

至于赚钱的股票呢？也许它还会上涨，虽然它赚的不算多，但"屁和（hu）也是和"，这会激发一种决策正确的自豪感，而没有懊悔的感觉。

> 懊悔规避与追求自豪造成了投资者持有获利股票的时间太短，而持有亏损股票的时间太长。急于脱手赚钱的投资，却把赔钱货留在手上。谢夫林称之为"卖出效应"。

加利福尼亚大学的萨义德教授，明确地证实了这一点。

萨义德通过对几千名投资人前后的交易记录加以研究，结果显示：这几千名投资人，多数情况下会出售价格正在上涨的股票，却宁愿长期持有价格下跌的股票。

萨义德的资料显示，投资人卖掉的股票，在其后12个月中的涨幅，比他们留下来的股票高出了3.4%。换言之，投资人卖掉的是应该留住的股票，却留下了应该卖掉的股票。

最不可思议的是：卖掉某只赔钱的股票时，美国税务部门会帮投资者减掉等额的税款（最高可以减3000美元），也就是说，你只要认输，政府就会替你埋单。尽管如此，许多投资者还是拒绝认赔。

投资人死抱着赔钱货不放，却急着卖掉赚钱投资的倾向，正是"寻求自豪"和"懊悔规避"效应在起作用。大多数人总是情愿卖掉赚钱的股票或基金，是为了把已经赚到的钱及时放进口袋，却不太愿意卖掉赔钱货，让自己接受赔本的事实。由于不愿接受卖掉赔钱货后亏本所带来的痛苦，于是他们逃避现实，毕竟，它的价格再跌，也只不过是"账面损失"，还不能算是正式赔钱。

但是，一旦真的把赔钱货卖掉，损失就变成活生生的现实了。

楼市下跌，你会将手里的房子出售吗

李嘉诚说：房价上涨的时候不会死人，但房价下跌的时候却一定会死人。银行每个月催促还贷的电话，对未来的悲观……都会把一个人压垮。

让我们坐着时光穿梭机，来到20年前的英国。主角是一个天生保守、急于有一套属于自己的房子的小白领。

此时的楼市正处在最严重的泡沫状态之中，房价一路高歌猛涨，潜在的购房者像抢购大白菜一样抢购房子，期望现在买的房子到将来能更加值钱，然后以此为出发点来"往上爬"并买进更大的房子。

这位白领本可以租套房子，但由于利率较低，从短期来看，申请抵押贷款更划算。所以他打定主意要买房。

他的薪水不高，所以贷款能力有限，向父母借了钱，交了个首付。他以相当于60万人民币的代价，在伦敦郊区购买了一间小户型。

在准备好15万首付款之后，他还得申请45万元的抵押贷款。不过正在上升的房价很快就会证明这是一笔好买卖的，即使房价有所下降，那15万存款也足够对付了。什么地方会出毛病呢？

英国经济在1990年和1991年开始衰退，楼市急转直下。房价一泻千里。那些急于获得现金的地产商建造了大量的小户型。突然之间，没有人需要它们了，众人所期望的"往上爬"的链条就此消失。

最初的购房者由于害怕房价会继续跌下去，纷纷将手里的房子出售。这位小白领遭到的打击尤为严重，他的小户型公寓的价格崩溃了。当市场在1995年陷入低谷的时候，它仅仅值大约28万元，即比抵押贷款要少17万元。

损失了所有的存款资产后，这位职员被迫去见贷款给他的人。他接受了远离首都的一个城市里的工作，急切地希望卖掉这间公寓，但没有人会愿意买下一栋突然显得定价过高而且处在一个破旧郊区的小公寓。

没办法，他只好暂时低价把公寓租出去。

最后，他以大出血的价格卖掉了这份房产……又过了很多年，他终于偿清了所有债务。

现在说这个例子，不过是在放马后炮。2004年以来，中国的许多年轻人加入了所谓的"不买房运动"。在此后几年中，很多买到房子的人，都心里乐开了花，而那些不买房的"刚需"，却必须面对房租上涨的现实。

让蹩脚的交易员放弃头寸，比让他们离婚还难

金融界有句名言：让蹩脚的交易员放弃头寸，比让他们离婚还难！

人就是善于自欺的动物，当手里的股票变成赔钱货的时候，拒绝接受现实，壮士断腕。这时他们常常摇身一变，自称"长线"投资人。

托尔斯泰说："幸福的家庭总是相似的，不幸的家庭各有各的不幸。"

投资何尝不是如此？

赢家的际遇各不相同，输家的心态却如出一辙。通过懊悔理论和前景理论可以推导出投资失败者的一般心路历程：因贪婪而投资，因亏损而惜售，因希望而等待，因小利而放弃。如此往复，钱越变越少，不变的只有行为方式。

第12章

天地不仁
——非理性的起源

幸运属于勇敢者。

——西谚

人类对赌博痴迷，因为它让我们跟命运当面抗衡，我们投身这种令人胆寒的战斗，只因自以为有个强大有力的盟友：幸运会站在我们这边，胜算握在我们手中。

——伯恩斯坦《与天为敌》

天地不仁，以万物为刍狗。

人类的远祖，被迫参与大自然设定的各种赌局。历史上那些拒绝参与"赌博"的人类，基因难以延续。而那些冒险者的基因，也内化出了关于风险、幸运的直觉。

人类向往神秘的动机，几乎都是参透概率，赢得幸运。

火鸡的意志

哲学家罗素讲过一个关于火鸡的寓言。

有一个农场主，每天上午九点给火鸡投放饲料。

有一只聪明的火鸡，经过几个月的观察，得出如下结论：每天上午九点主人就会投喂我们，就有食物降临。又过了半年，果然如此，其他火鸡也都相信了这个说法，把这当作一个公理去看待。

然而，事情并没那么简单。在圣诞节前夕，主人没有再给它们投喂食物，而是把它们宰杀了。

通常，这个"梗"会被用来诠释归纳主义者的局限性。"罗素的火鸡"几乎成为了"聪明误"的代名词。

世人嘲笑罗素的火鸡，我却要为之辩解两句。

如果从进化心理学的角度看，这些火鸡是情有可原的。

假设很久以前，有个农场主养了足够多的火鸡。多到什么程度呢？多到这些火鸡里面有形形色色的异端分子。不但有归纳主义者，还有"反归纳主义者"，结果会怎样？

那些怀疑主义的火鸡会活得很绝望，有些火鸡甚至想逃跑，这样的火鸡都被主人当作"害群之鸡"提前杀掉吃了。

那些半信半疑的火鸡不是得了忧郁症，就是得了胃溃疡，终日活在巨大的精神压力当中，也会被当作病鸡尽早处理掉。

只有那些相信农场主会关心自己福祉的火鸡，会活得比较健康。只要没人戳穿它们，它们为什么不能快乐地活着呢。

这样，经过一代又一代的驯化，这个农场终于太平。只有那些轻信的、乐观的火鸡的"副本"得以幸存，基因得以延续。

从这个意义上讲，"罗素之火鸡"谈不上愚昧，它们只是被人工选择所愚弄。

除了寻找主人是"好人"的证据，还有更好的出路吗？罗素的火鸡身上甚至还具有了某种古典悲剧的力量。为了存活，它不但成功地骗过了人类，还成功地骗过了自己。让自己一生的绝大多数时光里都过得不再那么悲催，自己的基因得以保存。对于火鸡来说，活着意味着一切，生存和繁衍最重要。昏庸无能也好，忍辱负重也罢，至少是革命火种不灭。只有如此，它才有翻盘的机会。千秋万代后，也许吧。

自我催眠

有一句西谚：fake it, till you make it.

翻译成中文就是：一直装×，直至牛×。

在史前的蛮荒时期，在漫长而暗黑的丛林中，我们祖先也一样面临着巨大的生存压力。不遵照法则行事，就很可能会被击败、被吃掉、被强奸，或者被放逐。

当你你和敌人决斗，你必须告诉自己：我行！

对于我们的祖先来说，"求生"远比"求真"更重要。求真是个奢侈品，求生才是必需品。

一群古猿被困在山洞里，外面有大雪封山、猛兽出没。

躲在洞里不出去会被饿死。出去寻找到食物，很可能会被猛兽吃掉，或被冻成雪猿。但是，也只有冒险走出洞穴狩猎，才有存活的机会。

那些不愿意冒险的古猿，很可能都饿死了。乐于冒险的，一部分也被大自然吞噬掉了，小部分在冒险中侥幸存活了下来。

现代的人类，是已经被大自然驯化过的物种。

你听说过斯德哥尔摩症候群这个心理学概念吧。

1973年的某天，两名劫匪在抢劫瑞典首都斯德哥尔摩一家银行失败后，挟持了四位银行职员。在警方与歹徒僵持了6天之后，歹徒投降。

几个月后，这四名受害人却对案犯显露出同情，他们拒绝指控劫匪，甚至为他们出资辩护。这两名抢匪劫持人质达六天之久，在这期间他们威胁受俘者的性命，但有时也表现出仁慈的一面。在强大的生存压力面前，劫匪只是对人质稍微照顾了那么一点，被劫持的人质就发生了认知偏差，感激涕零，甚至"认贼作夫"——其中一名被劫持的女职员主动嫁给了狱中的劫匪。

生存意志是最根本的意志。

理性与非理性，只是为之服务的工具而已。

人是可以被驯养的，我们是经过大自然驯化的物种。我们所有的本能、冲动、情感之所以会进化（准确地说是"演化"），都是为了适应生存和繁衍的进化压力。

但是，就算这些压力突然消失，本能、冲动和情感也不会随之消失，而是带着强大的"惯性"，影响着我们的主观体验。

为赌痴狂

在漫长的进化过程中，如果冒险是一种明智，动物和人类就会爱上冒险。

所以，爱赌博，是我们的天性。

正如伯恩斯坦在《与天为敌》里说的："人类对赌博痴迷，因为它让我们跟命运当面抗衡，我们投身这种令人胆寒的战斗，只因自以为有个强大有力的盟友：幸运会站在我们这边，胜算握在我们手中。"

赌博的本质，不过是在拿纸牌算命，向牌神邀宠。

嗜好赌博并不是男人的专利，女人也不遑多让。受社会习俗影响，参与赌博行为的男人比女人更多。但是，一份调查报告显示，去治疗"赌瘾"的女赌棍和男赌棍大致一样多。也就是说，嗜赌不分男女。

有些人的大脑结构，比常人更能感受冒险带来的快感。正如有些人特别嗜辣一样，他们比常人更加痴迷冒险、探险或赌博。

俄国作家陀思妥耶夫斯基，曾经也是位资深赌棍。他在1866年写的小说《赌徒》，堪称一幅自画像。陀思妥耶夫斯基是一位文豪，同时也是一位幻想自己必胜、表现却坚决失败的赌徒。

他的妻子在回忆录中说，新婚的陀氏不能自制，还没有从赌博的激动状态中定下心来，就拿了二十枚金币去下注，结果输掉了。他回家又取了二十枚，再次输掉。

这样，在两三小时内，他每小时要回家几次来取钱，到最后，把所有钱输得精光。又得抵押东西了，但是他们贵重的物品不多，很快全部告罄，债台高筑。

陀氏赌瘾发作起来，毫不逊色于任何瘾君子，连小舅子送他的搬家费——100卢布，他都偷偷用于赌博了。

陀氏一度自以为已经参透了赌博的规律，很快就能翻本。陀氏去向另一位作家冈察洛夫借钱，酒店门童不让他进去，他就偷偷溜进去，在楼梯口碰见了冈察洛夫。

冈察洛夫对这位落魄同行很是鄙视，他掏出一枚金币，扔给陀氏。接了金币的陀转身就走，去赌场实践他的理论。事实证明，他的赌博理论只是一种空想。

从茹毛饮血，到阁下现在能读这本书，人类的进化史就是一个奇迹。

这中间经历了太多凶险，但我们都幸运地走过来了。我们这些幸存者的基因，会形成一种迷思：幸运是站在我们这边的，命运操之在我。

我们像是被惯坏的小孩，在面临风险的时候，总喜欢向命运撒娇，邀天之宠，夸大胜算。

赌性与基因

科学家发现，人类有将近100种基因与赌性相关。

一项研究发现，拥有MAOA-L基因（俗称"斗士基因"）的人，拥有更精确的直觉，更善于在高风险的情况中取胜，他们善于捕捉有利机会，放手一搏。

另一项研究发现，大脑的杏仁核也与赌博心理相关。杏仁核位于大脑颞叶前部，呈杏仁状，与大脑处理和记忆恐惧等情绪有关。

研究对象是14名志愿者，其中两名女性志愿者的脑部杏仁核因病受损，但其他区域正常。

另外12名志愿者脑部完全正常，分为两组与这两名女子分别对照。

面对一系列赌博测试，杏仁核受损女性与作为对照组的普通人反应迥异。

当可能赢的钱数额达到可能输的钱1.5倍至两倍时，普通人才愿意赌。当输赢概率各占50%时，普通人最容易接受要么输5美元、要么赢20美元的赌局；最倾向于拒绝要么输20美元、要么赢20美元的赌局。

而两名杏仁核受损女性显然比对照组更不担心输钱。哪怕可能赢的钱少于可能输的钱，她们也愿意下注。

显然，正常人通常是害怕"损失"，具有"损失规避"倾向。这项研究清楚显示，当一个人的大脑杏仁核受损时，这种"损失规避"会消失。

华人是最爱赌的民族吗

常听人说：中国人最爱赌博。

这论调，就如同说"美国人最贪财好色"一样不靠谱。

放眼全球，赌博是人类普遍的嗜好，没有哪个民族不喜欢冒险。

就算你在某个赌场见到的华人最多，也不能由此断定中国人最爱赌，这很可能是由于华人巨大的人口基数造成的。

从拉斯维加斯到大西洋城，从蒙特卡洛到澳门，充满了各色人种的身影。从工业社会到农耕文明，甚至在未开化的蛮夷部落，赌博都是人民群众喜闻乐见的消遣，都会把大量的时间用于赌博。

但是，到底哪里的人最嗜赌，目前还缺乏有力的统计数据。

有文献指出，还有一种novelty-seeking基因（俗称"尝鲜基因"）与赌瘾关系密切。

南美土著居民中，超过66%的人拥有"尝鲜基因"，比世界上任何其他族群更为普遍。而现代非洲人和欧洲人拥有这种基因最少，他们只有25%的人拥有这种基因。

这其实也是人类"非洲起源说"的一个佐证。

大约8500万年前，灵长目动物首次出现。又经过了漫长的7000万年，"人猿相揖别"，人类开始出现。大约250万年前，人类学会了使用石器。又过了100万年，人类学会了使用火。

而现代意义上的人类，也就是智人，则出现于大约20万年前的东非。大约10万年前，智人走出非洲，取代了其他人种。

人类有符号记载的文明还不到1万年，而进入工业社会更是只有区区数百年。

与漫长的人类进化史相比，我们从蛮荒进入到现代文明的速度，实在是太快了。

面对现代社会的风险，人类就像一位大半生都住在山里的阿土伯，突然被空降到现代大都市。尽管四顾茫然，却不得不用以往的经验处理问题。

人类起源于非洲，然后迁徙到世界各地。最漫长的跋涉路线，就是通向南美。

所以，南美的土著人的祖先，经历了最多的坎坷，也收获了最爱冒险的禀性。作为那些最勇于探索的原始人的后裔，南美土著拥有最多的"尝鲜基因"。相应地，非洲和欧洲人，则拥有较少的"尝鲜基因"。

所以，全世界最爱赌博的民族，未必是华人，很可能是南美土著。

为了深入研究人类行为，我们还是有必要研究一下我们的智人祖先的行为的。然而考古证据并不多，大多只能靠"脑补"。

伴随智人崛起的，是其他物种的灭绝。

智人为何崛起，其他物种为何灭绝，这是一个开放式的好问题，也是一个只能靠"脑补"的话题。因为现存的证据太少了。

学者们各执一词，众说纷纭。它们大多既无法证实，又无法证伪。

某些结论的流行，只是基于一种认知偏差：既然智人统治了地球，一定是因为有特别之处。

难道尼安德特人真被智人团灭的吗？尼安德特人会不会是因为某种流行疾病的爆发而灭亡？

没有结论的问题，一定会有简单粗暴的结论走俏言论市场。

世界上最挑战智商的一道题

玛丽莲·莎凡特，是迄今为止吉尼斯世界纪录所认定拥有最高智商（IQ）的人。玛丽莲平时从事文学创作，也编写剧本，并长期在《Parade》杂志开辟名为《Ask Marilyn》的专栏，专门回复读者各式各样的问题，从数学到人生都有。这是玛丽莲在其专栏上介绍过的一道概率问题。

有三扇可供选择的门，其中一扇后面是辆汽车，另两扇的后面都是一头山羊。你当然想选中汽车，主持人先让你随意挑选。比如你选了1号门，这时主持人打开的是后面有羊的一扇门（比如它是3号门），现在主持人问你"为了有较大的机会选中汽车，你是坚持原来的选择，还是愿意换选另一扇门？"

坚持原来的选择： ████████████████▊　　 241（79%）

换选另一扇门： ████▊　　　　　　　　　 65（21%）

最后，玛丽莲小姐公布，正确答案是："应该改选另一扇门"。

这一问题引起了美国公众的广泛关注，大约有一千多所大、中、小学，进行过该题目的测验，从二年级的小学生到研究生都参与了争论。

在给玛丽莲小姐的一万多封读者来信中，有约一千封是具有博士学历的读者写来的，他们全都说："玛丽莲你错了！"

他们纷纷批评这个智商最高的人脑筋太笨，他们认为，主持人既然把没有车的那扇门打开了，剩下的两扇门后面是汽车还是山羊的可能性各占一半，坚持原来的选择也好，改选也好，选中车的机会都是二分之一。

有一个人说："这个国家的数学文盲已经够严重了，不需要全世界智商最高的人来雪上加霜。"

乔治·梅森大学的萨克森教授在信中这样写道："……你在胡说些什么！我来解释给你听：主持人把没有汽车的一扇门打开了，剩下的两扇门的后面有平等的机会是一辆车，它们的概率都是二分之一，因此不必换选二号门了。"

一名教授在写给玛丽莲的信中说："身为专业数学家，我对一般大众缺乏数学知识深以为憾。请你公开认错，好让大家正视这一问题。还有，以后请谨慎一点。"

另有一封信上说："你居然会犯这种错，害我们数学系学生嘴都笑歪了。"

这些高学历者们的一致回答是对的吗？玛丽莲小姐公布的答案错了吗？

概率的迷徒

我们来自偶然，生于侥幸。

凭着热血、冲动，我们从蛮荒中突围，进入现代文明。

我们因赌而生，为赌痴狂。但我们却很难理解现代社会的风险性。事实证明，大多数人不过是宇宙大赌场中的蹩脚又幸运的赌客。

玛丽莲问题很明显，当你第一次做选择时你选中的概率是1/3，因此剩下的两个没选其中有汽车加起来的概率就是2/3。此时在含有2/3概率的两个选项中排除一个错误答案后情况就变成了你最初选的那个，有1/3的概率选中，你没选中的那两个中未被排除的一个独占2/3概率。

第二次选择时如果你理解为在两扇门中选一扇有汽车的门，所以选中的概率就是各占一半就大错特错了。

如果还是不能理解，那么我们把问题改成这样——

　　有1000扇可供选择的门，其中一扇后面是辆汽车，另999扇的后面都是一头山羊。你当然想选中汽车。主持人先让你随意挑选。假设你选了1号门，这时主持人打开了第2至第999扇门，居然都是山羊！

　　主持人问你"为了有较大的机会选中汽车，你是坚持你原来的选择，还是愿意换选第1000扇？"

这样是不是容易理解一些了？

第13章

智人崛起

——生存与理性

一个人想要什么，就会相信什么。

——德摩斯梯尼

很多人，让他们思考一下还不如让他们去死。事实上，很多人还没思考过就已经死了。

——伯特兰·罗素

我们从细菌进化成为人类，用了35亿年。

其间，地球经历过至少6次生物大灭绝。这个漫长的过程中，我们历经太多凶险，一不小心就会遭遇灭种之灾。

万物为了求存，无所不用其极。这种意志就是生存意志。这意志是一种洪荒之力，是来自蛮荒的巨大力量。

世事纷扰，但归根溯底，其实都是生存意志的表象。

为了生存，我们的大脑甚至进化出了"理性"这种工具。然而，理性也只是一个有局限的工具而已。生存意志就好比一个强壮的瞎子，背负了"理性"这个能看见东西的瘫子。

一份骇人的研究报告

在这个世界上曾经共存过很多种人类。我们（智人）只是其中的一种。

与智人同时并存的，还有尼安德特人、直立人……这是被"分子人类学"所证实了的。

"北京猿人"并非我们的祖先。"北京人"属于"直立人"。当今地球上的所有人类都属于"智人"，都起源于非洲。在智人走出非洲之前，"北京人"已经灭绝了。

研究发现，智人的脑容量比直立人（比如北京猿人）大1/3左右，智人的语言能力也高于直立人。

大约10万年前，迫于生存环境的恶化，我们的智人祖先曾试图走出非洲，走向欧亚大陆，但又被迫折回。

最大的可能，是被提前到达那里的尼安德特人给赶了回来。

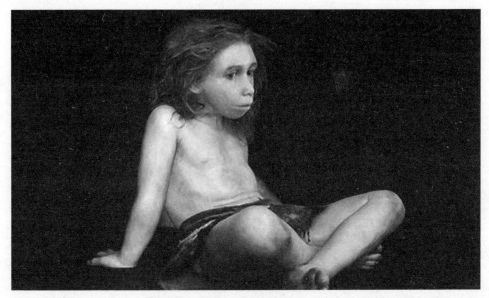

推测的尼安德特男孩样貌重建图

在漫长的进化史里，很可能曾经有一种比我们智人更聪明、更强大的人类存在。

这种人就是尼安德特人。他们不但又高又壮，而且皮肤光洁，和现代人类非常像，平均脑容量也超过了智人。

制造工具是人类和动物的区别之一。考古发现，尼安德特人不但会制造和使用工具，还很可能会制造饰品、狩猎、举办鲜花葬礼，甚至服用草药治病。单挑的话，智人是无法战胜尼安德特人的。

为什么说这个研究骇人呢？

最初，人们猜想认为智人和尼安德特人之间就像马和驴一样，属于不同物种，自然会产生生殖隔离。马和驴交配，偶尔会生出骡子，但骡子都是不能再生育的。

2010年，科学家们有了一个惊世骇俗的发现：大约5万年前，如今已经灭绝了的人类表亲尼安德特人曾经与现今亚洲人和欧洲人的祖先交配产子，而且生下的是能够继续生育后代的孩子。

科学家给出的解释是，生殖隔离并不是非黑即白的绝对情况，这中间还有一个处于临界点的灰色地带。

2016年的一份研究报告，又将尼安德特人与现代人类的首次通婚时间提早至10万年前。十万年前，恰好处于那个灰色地带。

更加骇人的还在后面。

纯种智人还是存在的，他们就是非洲撒哈拉沙漠以南的黑人，是纯粹的智人，没有和尼安德特人混血的迹象。

亚洲人和欧洲人都是智人和尼安德特人的后裔，有大约1%至4%的脱氧核糖核酸（DNA）源自尼安德特人。

到这里，研究已经接近禁区了，因为没有谁愿意打开那个种族主义的魔盒。

无结论，不传播

我们是确定性的奴隶。

你可知道，在微博问答上什么样的人最赚钱？

就是那些楼市预言家。

因为当一个人已经或准备拿几百万去豪赌房价，他们太需要一种确定性的鼓励了。

决定房价走势的因素太多了，如果资金面、政策面、人口结构……一一分析，可能永远无法得出一个肯定的结论。

但受众需要买一个安慰，一个凭空的承诺，一个心理按摩。

所以，结论越是简单、粗暴，就越是有效。"××房价永远涨""快快快，赶紧买"成了最能安慰人心的催眠咒语。

如何运作一本非虚构大众畅销书？

这里面的玄机多多，但就技术层面而言，就是要有简单而明确的结论。

如果你拿一个开放性的议题来探讨，等于在逼迫你的读者去思考。思考其实是一种非常消耗能量的工作。对于一些人来说，让他们去思考，还不如让他们去死。我们都反对填鸭式的教育，但其实我们都是资讯的饕餮客。

一本书也付款了，也花时间读了，却没有收获几条明确的结论，这不是浪费吗，这不等于闲扯淡吗？我们的损失厌恶本能就会发作。

这种形式的极端，就是"清单体"的流行。

比如《这辈子一定要去的8个好地方》《会降低你的异性缘的9件小事》《高效能人士的10个习惯》《永不赔钱的11个投资法则》……

我们是执着于因果的，哪怕是虚无的。

比如我们智人为什么能统治地球？那一定是有超越其他人类的禀赋特质。

在畅销书《人类简史》中，作者赫拉利给出了两个简单明确的结论：

1. 智人"是一种没有什么特别的物种"。

2. 只有智人能够谈论并不真正存在的事物，相信一些不太可能的事情。

我怀疑，这两个结论至少有一个是错的。

当然，作者在第二个结论前非常狡猾地加了一个修饰语"大部分人都会同意"。这也暴露了作者对这个结论的把握不大。

只有智人能够谈论不存在的事物吗

虚构，当然是人类的神奇技能之一，但却非智人所独有。

《人类简史》中举了一个自相矛盾的例子，并不得不为此自圆其说。

青猴（green monkey）有各种不同的喊叫方式，传达不同的信息。像是动物学家已经确定，青猴的某种叫声代表着"小心！有老鹰！"，而只要稍微调整，就会变成"小心！有狮子！"研究人员把第一种叫声放给一群青猴听的时候，青猴会立刻停下当时的动作，恐惧地望向天空。而同一群青猴听到第二种叫声（警告有狮子）的时候，它们则是立刻冲到树上。

然而，曾有科学家发现，青猴在附近没狮子的时候，发出"小心，有狮子！"的叫声，把附近的猴子吓跑，来独吞它看到的香蕉。

退一步讲，就算撒谎不叫虚构，只有"谈论世界上不存在的事物"才算虚构，那么你又怎么能证明，尼安德特人不曾有这种虚构？如果智人仅仅能够谈论"看不见的事物"，其实也没什么稀奇。

就算痴人也会说梦，是吧。

考古发现，尼安德特人可能有鲜花葬礼，这个发现很耐人寻味。

通常，我们看到"异象"的途径有三种。

第一种，是冥想。

会有一些修行者通过冥想获得超验的启示。但更多的人会走火入魔，精神错乱。

第二种，是做梦。

当我们努力回忆梦境，会发现梦境如此奇幻。我们复述这些离奇的梦境，这是一种亦真亦幻的虚构。研究发现，连小猫小狗都会做梦，难道尼安德特人就不会做梦吗？

第三种，是中毒。

云南有一种蘑菇，叫见手青，如果烹饪的火候不够，食用者会中毒，严重者会肾衰竭而死，轻者会产生"小人国"这种幻觉，看到很多小矮人。还有些中毒者会看到半兽人，甚至有些人会看到逝去的亲属。

还有些致幻植物，食用之后，对大脑的改变并不是一时半会儿，而是长达数年。吃了之后，整个人的性情都变了。

在亚马逊流域，有一种历史悠久的"死藤水"，这是一种当地土著配制的致幻植物饮品。据说，南美智利的军队，会让全体士兵服用"死藤水"来增进部队的战斗力。

法国拉斯科洞窟17000年前的壁画以及亚马逊印第安人的画作，与死藤水体验到的世界几乎一模一样。而在阿尔及利亚北部的山洞中曾经发现了公元前5000年的迷幻蘑菇的壁画。

所以，有一种观点认为，人类的祖先吃到了某种致幻植物，比如曼陀罗、蓝莲花、蛤蟆菌……看到了很多人世间不存在的奇幻景象，大脑功能产生了突变。

难道说，这世界上没有某种植物，曾经对尼安德特人产生过类似的作用？

尚无证据表明尼安德特人没有吃到过致幻植物，又不能复述出他看到的异象？

所以，仅仅善于虚构，并不是智人崛起的充要条件。

原始巫术与原始宗教，都与迷幻植物和梦境有关。

部落、城邦、国家的产生，都是从原始的族群演变过来的。信仰、国家并非某个聪明人凭空虚构出来的"想象的共同体"，它们都是由因缘际会产生的。

如果这世上只有一种真正的虚构之物，那就是钱。

只有人类相信不太可能的事情吗

甲骨文的"朋"字，其图形很像两串贝壳。

这说明，我们最初的货币流通，只能在可以相信的朋友之间小范围流通。

货币这种东西，信的人越多越强势。没人相信的货币毫无价值。

有人的地方就有货币

作为一种数字货币的尝试，2009年诞生了比特币。曾经有一位玩家用10000个比特币才换了一个汉堡。随着追捧比特币的人越来越多，比特币的购买力也越来越高。

我们自诩为"智人"，绝非虚妄，这是一种人类应得的荣耀。我们甚至演化出了一种堪称"范特西"的心智。

范特西（fantasy），有"幻想、非正式的货币"等含义。

什么是非正式货币？

比如在监狱里，烟卷会成为一种"地下货币"，"难友"之间可以用它交换很多东西。在美国的很多监狱，中国产的方便面因口感绝佳而成为监狱里的"硬通货"，所以有的囚徒搜集方便面，谁掌握了方便面的货源，谁就掌握了权力。

"钱"这个东西，只是一种虚构的商品交换的介质。

我们选择有形的东西作为货币，其实只是采用了一种"方便法门"。

最初的"钱"，也是一种非正式货币，比如贝壳。它更接近于朋友之间的物物交换。

从最初以贝壳为介质，到后来以金属为介质、以纸张为介质，再到如今以区块链技术实现的数字货币，人类正在进入一个消灭现金的社会。

"钱"也越来越暴露出了它"虚构"的本质。

猴子也会相信钱

我们固然"无法说服一只猴子放弃眼前的一根香蕉，来换取天堂里的无数香蕉"，但我们却可以教会猴子使用金钱。实验室里的僧帽猴，经过简单的示范，就会知道钱是个好东西。猴子们会拿钱去购物，比较价格，甚至进行交易。

耶鲁大学的经济学家基思·陈和心理学家劳里·桑托斯组成了一个二人研究小组，设法教会了七只僧帽猴如何使用货币。

他们以实验室中的一群僧帽猴为研究对象，其中有雌有雄。他们首先要教会猴子使用金属代币来购买食物。

猴子们很快学会了一种最基础的经济游戏规则：把代币交给实验员，便能换回几颗葡萄。问题来了，这是猴子们真的明白了"交易"的内涵，还是只是一种条件反射？

同样是收取一枚代币，黑衣售货员总是给一颗葡萄，而白衣售货员则总是给两颗葡萄。很快，几乎所有的猴子都选择和白衣售货员做交易——由此可见，猴子们不但懂得交易，而且是价格敏感型顾客！

随后，实验进一步要证明猴子是否存在"损失厌恶"。

这次与猴子做交易的是两名"奸商"——绿衣售货员和红衣售货员。绿衣售货员一开始给猴子的都是三颗葡萄，但当猴子付完代币之后，绿衣售货员总是固定拿走一颗，只给猴子两颗葡萄；红衣售货员则一半时间交给猴子三颗葡萄，另一半时间只给猴子一颗葡萄。

猴子们对此非常不满，但一段时间后，猴子们认识到，如果和绿衣售货员交易，意味着必定会蒙受损失——每次损失一颗；如果和红衣售货员交易，则要承担损失两颗葡萄的风险，但是也有可能秋毫无损。

结果不出所料，绝大部分的猴子都选择了红衣售货员。人类与猴子在这方面如此相近！

有经验的售货员都知道这个道理，顾客买一斤散装糖果，售货员要么从八九两添加到一斤，要么一斤多减到一斤。其结果都是一斤。但顾客对前者的满意度要高于后者。因为顾客在观看后者的过程中，感觉自己在遭受损失。

故事是我们理解世界的模型

我们为什么对故事性如此迷恋？为什么会被故事催眠，变得轻信？或许可以用进化心理学来解释。

在漫长的进化岁月里，智人作为一种群居动物，最基本的娱乐与教育形式，就是大家围在一起听故事。

这些故事的套路基本就几十种，比如小红帽、牛郎织女之类的故事，在全世界都有不同形式的变种。这些故事的梗概却深深地潜入了我们的集体无意识，构成了我们了解这个世界的模型。

尼安德特人的衰亡，很可能只是运气不好而已。比如患上了某种流行病，又或者自身生育力低。

但我们更喜欢听暗黑时代两种人类此消彼长、相爱相杀的故事。

第**14**章

理性原罪
——有限意志与抉择困境

我们并非一个可以感知的思考机器，我们是可以思考的感知机器。

——安东尼奥·达马西奥

我们头脑中的逻辑从何而来？当然来自非逻辑，这非逻辑的范围本来必定是极其广阔的。

——弗里德里希·尼采

亚里士多德曾问：面对两根同样的肉骨头，一条理性的狗该作出怎样的选择？

哲学家布里丹给出答案：一头绝对理性的驴子，恰处于两堆等量等质的青草中间，将会饿死。因为它不能对该吃哪一堆作出理性的抉择。

女人是天生的哲学家：婆婆和我同时掉河里，你先捞谁？

一个绝对理性的人，将比"布里丹之驴"更加不幸。

柏拉图曾说，人的行为就好比一辆由两匹马拉着的马车，一匹马代表理智，另一匹就是情感。行为经济学家让这个比喻更为形象，指出理智是小马驹，情感则是高头大马。

当机器人有了感情

一个机器人有了感情，他究竟是机器，还是人？

这是科幻作品老生常谈的一个主题。

人工智能专家马文·明斯基（Marvin Minsky）指出："问题的关键不是机器人能否拥有感情，而是机器人在缺少感情的情况下，是否还是智能的。"

且听一个寓言。

熙奈博士模拟了一个新次元，里面安放了一些人工智能。

其中有一位名叫野比，他是一台纯理性的机器。甚至，他连机器都算不上，他只是一串代码，一个程序。

野比崇尚理性，是一位完美主义者。

毕竟是人工智能，在熙奈博士眼里，野比好像缺少点激情。

一天，野比要外出办事。

家里衣橱里有两套颜色完全一样的西装，该穿哪一套呢？

野比陷入了抉择的困境，或者说，程序崩溃了。

真正意义上的机器人，必须有适度的非理性。

神经科学家（可不是"神经病科学家"哦）安东尼奥·达马西奥（Antonio Damasio）认为，情绪（或感情）的某些方面是理性所不可或缺的。乐观而言，在决策中，感情为我们指引正确的方向，并将我们带到合适的地方，在这种地方我们就能正确使用逻辑工具。

安东尼奥观察了一些大脑前叶遭受损害的病人，这些病人仍具有记忆、语言和其他认知技能，但是失去了"感受"能力，换个说法是已无感情。他们能够"认知却无法感受"。他们失去了有效地进行选择的能力。由于没有感情，当他们被要求做一些简单的决定时，就陷入了无尽的"成本－收益"权衡之中。

柏拉图说：理性是灵魂中最高贵的因素。

尼采反驳：一切理性的事物，追根溯源，血统并不纯洁，都是来源于非理性。这是理性的巨大原罪。

令人迷惑的选择

很多年前，泰勒教授邀请了一批当时的年轻经济学者来家里吃饭。

他先摆上了一大盘腰果，供客人们喝红酒之用。几分钟之后，眼看着这些腰果就要被吃完了，但客人们似乎对不断端上来的主菜并不感兴趣。

看到这里，泰勒便站起身将那盘腰果端回了厨房，从而使其彻底从人们的视线中消失。

泰勒返回餐厅之后，客人们都为他的这一举动叫好。因为腰果尽管诱人，毕竟无法替代正菜。大家吃腰果吃饱之后，就会没胃口再吃正菜，这对主人是非常失礼的，整个晚宴的氛围就被破坏了。

传统经济学认为，人们的选择空间越大越好，因为对于那些不好的选择，人们完全可以拒绝。在泰勒拿走那盘腰果之前，客人们也有两种选择：吃或者不吃，但在他拿走之后，客人们便只能选择不吃了。

在这群"经济人"看来，对此而感到高兴实在有悖于他们的原则。

所以，这群理性的"经济人"开始探讨：为什么会对这盘诱人的腰果消失而感到高兴。不是选择越多就越好吗？我们为什么会因少了选项而高兴呢？

"抉择冲突"理论

某一家小吃店，店面不到30平米，却品种齐全。墙上标满了200多种小吃，看完要5分钟。

> 客人：来份儿宫保鸡丁盖饭。
>
> 老板：好嘞！
>
> 客人：原来你们有河粉！给我换成河粉。
>
> 老板：好嘞！
>
> 客人：哇，原来你们有米线！不好意思，我要米线！
>
> 老板：好的，换米线。
>
> 客人：哇，原来你们还有炒米线！我要炒米线！
>
> 老板：炒米线，确定吗？

老板要知道，顾客是没错的，错就错在，他给了顾客太多的选择。别无选择与选择过多皆是烦恼！

店主一定认为，选择越多，满足的客人越多，客源就越多。

想法没错，但这有两个问题，第一是特供的选项太多了，成本也增加了，一些菜品即使卖的很少，也要预备着。另一个是，作为一家小快餐店，尤其在吃饭的高峰期，应尽量提高餐桌利用率。当客人陷入选择的困境，必然在点菜环节耗费太多时间。

特韦斯基和卡尼曼认为，一般人在面对多项可供选择的方案时，因为害怕后悔，更可能决定暂缓采取行动，或是根本不采取任何行动。他们据此确立了"抉择冲突"理论。

研究人员用磁共振成像技术研究了获得抉择的神经机制，证实了这种理论。

试验中的被试者被告知，他们可以在两种奖品中二选一：比如衣服和电话机。然后进行脑部扫描。结果，不论是选择衣服，还是选择电话机的人，脑部的杏仁核区都趋于活跃。

前面讲过，杏仁核是主管"损失厌恶"这种情绪的脑区。这也就是说，明明是纯粹的获得，因为被要求二选一，被试者却出现了类似损失的情绪。

研究人员还用磁共振成像技术研究了损失抉择的神经机制。实验要求被试者不得不在两个备择选项中选择损失一项，分三种损失条件：

1. 损失的两个选项都是微不足道的，比如衣服和电话机，这是"轻轻"损失抉择。

2. 损失的两个选项都是重要的，比如手和脚，这是"重重"损失抉择。

3. 一个选项是重要的另一个是微不足道的，比如，手和衣服，这是"轻重"损失抉择。

共振成像技术显示，相比于"轻轻"损失抉择，人们在进行"重重"损失抉择时，杏仁核活动非常明显。这个发现并不足奇，真正有意义的发现在后面。

共振成像技术显示，相比于"轻轻"损失决策，人们在进行"轻重"损失决策时，负责奖赏的脑区纹状体的活动剧烈。也就是说，纯粹的损失，竟然会产生"占便宜"的反应！两害相权取其轻时，人的心情是夹杂着一种庆幸感的。

其实，老板应该明白，90%的利润来自10%的菜品类别，其余的菜品只是陪衬而已。这是管理学中的"二八法则"。

肯德基、麦当劳这些国际快餐连锁巨头的菜品种类是最丰富的。它们在世界各地的餐厅推出的菜品不尽相同，如在意大利，顾客若不想进食麦当劳巨无霸，可以下单要求一客即煮的意大利面。在法国，当地的麦当劳会供应红酒，还每年举办乳酪节促销活动。

肯德基每年都会在国内推出一些新的快餐品种，但是也会淘汰一批卖的不好的产品。

企业不能仅靠产品品种丰富来赚钱。肯德基、麦当劳想凑齐200个品种轻而易举，但他们深谙"二八法则"，只要保留当地最受欢迎的品种，再加一些陪衬菜品即可。

单一的选择

少则得，多则惑。是以圣人抱一为天下式。

> 夏娃：亲爱的，你会全心全意爱我吗？
> 亚当：这简直是一定的。除了你，我还能有什么选择呢？

几百年前的英国，有位叫霍布森的马场老板，常常租马给剑桥学生。霍布森不认为那些学生会好好照顾他的马，所以他制定了一个规矩，使他最好的马不被挑走：学生只能牵离马厩门口最近的那匹马，否则就不许牵走任何一匹马。

管理学家西蒙把这种没有选择余地的所谓"选择"讥为"霍布森选择"（Hobson's choice）。亨利·福特就实践过"霍布森选择"。

福特T型车一度是市场霸主，亨利·福特的传世名言是：你可以任选汽车颜色，只要是黑的就行。（You can have any color you like, as long as it is black.）

福特的理念很快被市场打垮了。1926年，痛定思痛的福特开始增加彩色车，但已经无力挽回被抢走的市场，一年之后T型车停产。

世界上没有两个完全一样的人，即便是孪生子。消费者有自己的想法，商家为客户提供的产品应该是有区分的。

比如宝马汽车，在颜色上为客户提供多种选择。客户甚至可以自选颜色，红、白、黑乃至粉色的，车座皮革的颜色、驾驶盘、轮胎、电子配件等，选好后车厂才开始制造客户要求的车。

但这是不是又走向了另一个极端？

哪家寿司店会胜出

在某大城市中心，有相邻两家小吃店。卖的都是回转寿司。A店根据寿司的物料成本，将每盘寿司的定价分为4元、6元、8元、12元、16元，并将装寿司的盘子做成五种颜色。

B店则不然，统一定价为每盘6元。将物料成本过高的品种撤掉。

要知道，在大城市中心，成本最高的，乃是租金。

对小吃店来讲，翻台率才是王道！也就是靠销量取胜。

A店让消费者陷入一种比较、选择的境地。顾客在吃东西的时候，还要计算、比较，容易在五颜六色的盘子选择中迷失。

答案如你所料，B店经常有顾客排队，A店门可罗雀。

心理学家弗洛姆曾说：在现代民主制度下，困扰人们的不是缺乏机会，而是机会太多，令人眼花缭乱。

此话怎讲？

乔布斯以"独裁"制胜

"民主"和"独裁"，这里是就选择权而言的。民主，就是人可以有选择权，而独裁社会没有。

乔布斯的经营理念以独裁著称。比如，苹果手机上的IOS系统相较于安卓系统来说，IOS是个封闭的系统，因为它只有苹果一家可以用，不开放给别人用，而安卓系统是免费和开源的。

就产品设计而言，乔布斯时代的苹果手机，只能选择黑白两色。当然还有几部黄金镶钻的，要几百万美金一台，暂不讨论。

安卓则非常民主，可供选择的品牌有很多，各品牌又会推出各种型号、款式、色彩，简直是目不暇接。

但如你所知，选择单一的苹果手机，才是真正的霸主。

比如手机，根据市场细分理论，可以设计出女性手机、老人手机、拍照手机、音乐手机……大家的手机万紫千红、各不相同。

乔布斯开始做手机后，如同横空出世，宣告了传统市场细分理念的局限性。

理性的，太理性的

我们正面临着越来越多的机遇、产品和服务，是不是选择越来越自由了呢。

事实上，社会越进步，作出选择反而越困难。过多的选择令人感到不安和为难，尤其是当这些选择都很诱人的时候。

美国行为经济学家埃瑞利曾经在加利福尼亚选了一家超级市场做研究。

为了满足顾客不同口味的需求，这家超市准备了250种不同口味的茉末酱、75种不同的橄榄油、300多种果酱。

埃瑞利设计了一套巧妙的实地试验计划，并在超市的同意下，连续两个星期在摆试吃柜台。

> 埃瑞利准备了两批试吃货品，每隔一个小时轮流更换。
>
> 第一个小时摆出24种不同的果酱，另一个小时只摆出6种。
>
> 这两批果酱都经过试吃专家评定，并小心挑选过，都同样的美味可口，只是有一些细微的差别罢了。
>
> 在研究期间到这个试吃柜台的人，都可以拿到一张价值1美元的代金券，可用来购买店里出售的任何果酱。
>
> 每一张代金券上都附有暗记，以分辨顾客拿到代金券时，试吃摊子是摆出6种果酱还是24种果酱。
>
> 埃瑞利想知道面对24种果酱的顾客，是否会被这么多的选择搞得晕头转向，根本无法决定买哪一种了。跟只有6种选择的人相比，他们是否更不可能买东西。由于有暗记的帮助，就很容易追踪这两组顾客的行动。
>
> 或许有人认为，选择越多，销量越高。但事实恰恰相反。
>
> 那些尝了6种果酱的顾客，买了比较多的果酱。虽然在摆出令人

眼花缭乱的24种果酱时，试吃柜台吸引到的顾客比较多（145人对104人），但他们只有3%真的使用了代金券。而只有6种选择的顾客，却有30%后来买了果酱。

"人们看到24种不同果酱摆在面前时，常常会不知道选哪种好，"埃瑞利说，"最后，他们通常哪种都不买。"换言之，面对的选择越多，就越难取舍。

这个研究结果似乎只是一般常识，可是这种现象对整个社会的影响却非常深远。

人们的选择越多越好吗？这是个发人深思的故事。

冲突下的选择

假设你正准备买一台笔记本电脑，可是还没有想好买哪一种品牌或是什么样的机型，就连想花多少钱你都还没想过。

一个周末，你去电子市场，注意到某家经销商打出的一个广告，表示有一种畅销的索尼笔记本正在打折促销，只卖9999元。

你已经在网上查过了，这个价钱远低于平时的零售价。你会怎么做？

    A. 买下它。

    B. 暂时不买，再了解一下其他机型。

现在，假设你继续向前走，看见一家经销商也打出了相似的广告，只不过是表示有一种高级的戴尔笔记本只卖15999元。你知道就像前面的索尼机型一样，这个戴尔机型的价格也非常合算。你会怎么做？

    A. 买下这个戴尔机型。

    B. 买下索尼机型。

    C. 暂且不买，再了解一下其他机型。

特韦斯基和曾经做过类似试验，在斯坦福大学和普林斯顿大学找了两组学生，分别向他们提出这两种假设情况。

碰到第一种情况的学生，绝大多数表示他们会买下索尼笔记本，只有大约1/3的学生表示要再多看一处地方。事实上，在这种情况下，趁机把东西买下来绝对是合理的做法，因为这个索尼机型的价钱不但非常合算，而且是你早就想买的笔记本电脑。

但是，面对第二种情况的学生，只有27％表示他们会买下索尼机型，大约同样多的学生会买戴尔机型。但是，几乎有一半的学生（46％）表示他们会按兵不动，等着看市面上还有什么好东西。

这里最值得注意的是一个矛盾的现象：多了一项合算的选择，反而使人犹豫不决，结果让更多的人决定暂时不买了。

从这个例子中，我们很容易得出以下的结论：在生活中面对的选择越多，我们越是举棋不定，结果什么也没有选择，反而让机会白白流失掉。

特韦斯基认为，一般人在面对许多可供选择的诱人方案时，因为害怕后悔，更可能决定暂缓采取行动，或是根本不采取任何行动。他据此确立了"冲突下的选择"这一理论。

决断力崩溃

抉择悖论问题，是不是等于找到了"理性人"的证据？

正所谓"机关算尽太聪明，反误了卿卿性命"。我们从不认为小聪明等于大智慧。恰恰是这种太理性，反映了一种非理性。人们嘲笑"布里丹之驴"愚蠢，正是因为它过于理性。

情绪的缺失，使得人们成了绝对理性，也成为了非理性。

如果非要每一步都做得绝对理性，每一步都不踏错，就注定茫然、崩溃。

观察太精确、推论太迟缓的生物不适于生存。为了生存，宁肯错误而不愿等待。

选不到最优，就选次优，这才是最经济也是最理性的行为模式。

选择的冲突和固守现状的偏执交织在一起，必然导致决断力崩溃。

人类在抉择面前，并没有比"布里丹之驴"聪明多少。

布里丹，这个喜欢讽刺人类愚蠢的士林哲学家，最后和苏格拉底一样，不得善终，被人装进口袋投进了河里。

第15章

贴现理论

——来世天堂与达尔文银行

宇宙间最大的能量是复利，世界的第八大奇迹是复利。

——梅尔·罗斯柴尔德

我们对未来缺乏耐心。相对未来而言，现在总要占据更多的优势，现在可以被我们直接感知，而未来，却需要我们去想象，天知道未来会是什么样子。

——庞巴维克

是的，你无法说服一只猴子，通过放弃眼前的香蕉，来获取未来在某个猴子天堂获取无数的香蕉。

但是，猴子和人类以及所有哺乳动物有着一样的本能，都知道要尽可能多地储存。

猴子会把眼前的香蕉尽可能地存进一家"达尔文银行"——尽可能地多吃，以储存脂肪这种特殊"货币"，在食物匮乏的时候可以存活。

无论把香蕉存进未来天堂，还是存进达尔文银行，都是基于对未来的相信。只是前者偏乐观，后者偏悲观罢了。谁说只有人类才相信不太可能发生的事情？

人类关于当下和未来的决策习惯，我们的大脑回路是经过自然选择塑造的。

传统经济学隐含着一个假设：人是具有无限意志力的。在绝对理性前提下，人们具有完全的自我控制能力，可以理性地规划当下和未来。行为经济学则证明，我们是软弱的，面对"现在"的诱惑，我们的表现是蹩脚的。

时间价值

狙公养了群猴子。

为了这群猴子，他已经入不敷出。

于是狙公给猴子提出一种伙食方案：早上三个栗子，晚上四个栗子。猴子们气愤填膺。

狙公又提出另一种方案来安抚众猴：早上四个栗子，晚上三个栗子。这下猴子满意了。

世人都说猴子傻得可以，但萨缪尔森不同意。

按照传统经济理论，猴子其实是非常聪明的。

金钱是具有时间价值的，简单地说就是：今天的100元钱要多于明天的100元钱。

比如，一年期定期存款的利率为5%，那么把100块钱存入银行，明年就变成105元，这5元就是货币的时间价值。

今天的100块钱到明天可能就不仅仅是100块钱了，这就是货币的时间价值在起作用。

为了便于说明这个道理，我们把"狙公戏猴"的故事进行改编升级。

> 阿杜是一位包工头，领了一群乡亲打工。
>
> 阿杜对工人们说："你们每人每月的工资6000元。但为了防止你们乱花钱，每人每月只能从中领200元作为生活费。余下的钱我替你们保管，年底一次性发给你们，开开心心回家过年。"
>
> 一个叫傻根的愣头青不干了："傻根虽傻，但也知道那6000元存在银行是有利息的，让你保管，还不如让银行保管。"
>
> 阿杜呵斥："每次一领到工资你就去消费，这样能攒住钱吗？我怎么向你父母交代！"
>
> 最后，阿杜还是做了让步，每个工人每月可以领500元，余下5500元由他保存。
>
> 阿杜把这些钱拿去炒房，正好赶上一个大牛市，阿杜当然猛赚了一笔。

金钱具有时间价值，人们要为自己的超前消费付出代价。

开发商周瑜，爱在媒体讲米国老太和中国老太的故事。很多人听后，深以为然。

黄盖是个工薪族，银两不多。听到周瑜理论后，就通过银行按揭买楼，成了"房奴"。

黄盖真的傻吗？他才不这样认为。黄盖觉得，从金钱的时间价值上来算，付出一定的贷款利息并不吃亏。

陈志武教授曾经说过：金融的核心是跨时间、跨空间的价值交换。这句话其实也是"资本"的核心所在，钱只是钱，钱与时间价值结合方能称为资本。借过高利贷的人最能理解金钱的时间价值，以及资本主义残酷的一面。

金钱不等式

失去的100元>得到的100元

挣到的100元>白得的100元

今天的100元>明天的100元

效用贴现

接着，介绍一个概念，什么是贴现。

贴现，是一种票据转让方式，是指客户（持票人）在急需要资金时，将其持有的商业汇票，经过背书卖给银行，以便提前取得现款。银行从票面金额中扣除贴现利息后，将余款支付给申请贴现人。

经济学说的贴现，不仅仅用于金钱，还用于"效用"。吃栗子就是一种效用，对猴子而言，第二种方案确实更好。

效用贴现：如果时间有价值的话，人们对未来的"收益"将打折扣，同样数目的"收益"，现在拥有比未来拥有合算。也就是说，当下的满足要比将来的满足更有价值。

效用贴现是传统经济学的基本假设之一。

传统经济学崇尚理性，即趋向利益最大化的行为才是理性的行为。

所以，从传统经济学角度讲，寓言里的猴子是很聪明的，它们对伙食方案进行贴现，最后选择最高贴现值的方案（当然，如果将这个方案生效的时间改为晚上，又当别论）。

贴现率

贴现率（discount rate）原是用未到期的票据向银行融通资金时，银行扣取自贴现日至到期日之间的利息率。经济学家将贴现率用来衡量未来收入和支出折算成现值的一个桥梁。

贴现率这个概念，解决了未来经济活动，在今天如何评价的问题。

贴现率为正值，则未来的1万元不论是损失还是收益，没有现在的1万元重要；而且时间隔得越长，未来的1万元价值越低。

小贴士：72法则

在利率给定的情况下，一笔投资需要多长时间才能翻倍？

所谓"72法则"，就是以1%的复利来计息，经过72年以后，本金就会变成原来的一倍。

这个法则能以一推十，例如：利用年报酬率为6%的投资工具，经过约12年（72/6=12）本金就变成一倍；利用报酬率8%的投资工具仅需9年左右的时间就会让1万元钱变成2万元钱。

如果将一笔钱存银行所得的收益，作为机会成本，那么今天投资10万元的项目，将来即使能收回20万元，也不能证明此项投资一定合理。

假设银行利率是3%，10万元存在银行，24年就能滚到20万元。所以30年后回收20万的投资与存银行的利息相比不值得去做。

远见太远，也是一种贪婪

"时间贴现"并不是人类或猴子特有的，很多动物都有这种现象。一些实验经济学文献表明，鸟类，尤其是鸽子和鹦鹉，给它们两个选择：一个大的、长远的回报，比如说等待10分钟后给100颗谷子，一个小的、短期的回报，比如说等待30秒后给2颗谷子，它们宁愿选择后者。

这些鸟是聪明的。未来具有很强的不确定性。正所谓"百鸟在林，不如一鸟在手"。远见太远，也是一种贪婪。10分钟后，也许连2颗谷子都不存在了。此外，等待是需要成本的，等待的过程需要消耗热量。还不如趁早吃掉这2颗谷子，再去寻找新的机会。

贴现在理论上是一种理性行为，但是过犹不及，过度贴现是一种愚蠢的行为。

行为经济学家马修·拉宾（Matthew Rabin），曾描述了一个有关人与金钱间存在的有趣的"反常现象"，即当人们在收到金钱收入之前，都能相当理性地做出储蓄规划，可当收入真到手之后，人们的意志却崩溃了，钱往往会立即被花掉，拉宾称这一现象为"夸张贴现"。这说明意志力的缺乏也是人们在经济实践中选择非理性行为的原因之一。

小美发誓要减肥，小明发誓要存钱。小美到见美食，安慰自己，不先吃饱哪有力气减肥啊。小明见到一辆汽车，安慰自己，人生得意须尽欢，买辆车可以提升自己的社交质量，说不定还能带来好机遇。一年后，小美体重还增加了几斤，小明还在原来的社交圈子里打转，收入基本未变，还要每月还银行车贷。

传统经济学假设的人具有无限意志。但是，面对诱惑时，一些人就开始自我欺骗，意志土崩瓦解。

而现实生活中的决策人往往受有限理性、有限意志、有限自利和有限信息等的制约，往往无法达到效益（货币收益）的最大化，而更多地努力实现自我满足最大化。

快捷支付与挥霍无度

台湾纪实片《水蜜桃阿嬷》讲的是一个与"卡奴"有关的故事。事情很凄惨，水蜜桃阿嬷的儿媳妇，因为欠了200万台币的卡债，烧炭自杀了。隔没多久，儿子承受不了，也烧炭往生了。这位淳朴的乡下老妇怎么也理解不了，人怎么会这样胡乱死了呢？

"卡奴"问题，是"夸张贴现"所导致的一种可怕社会现象。

由于人的意志有限，加之"心理账户"的原因，信用卡金额很容易被"贬值",因为在买东西的时候,自己似乎毫无损失,至少心理上很容易有这种感觉。

麻省理工学院市场营销学教授普瑞雷克(Prelec)和邓肯·辛斯特(Duncan Simester),曾经做过一个实验。

用密封拍卖的方式,拍卖NBA波士顿塞尔特人队比赛的门票。

把参加竞买的人分成两组,其中一组中标者必须用现金付款,一天内就得交钱,另一组则可以用信用卡付账。

普瑞雷克和辛斯特把现金组和信用卡组出的价,分别统计并加以平均,居然发现信用卡组出的价,大约是现金组的两倍。

用信用卡付账,使你的钱似乎成为了不值钱的钱,结果花起来毫无节制。

一些人拥有信用卡后都变成了冲动型消费者,

心理账户导致持卡人花钱漫不经心,有限意志导致持卡人及时行乐,结果变得更拮据。

"卡奴"本是台湾的社会现象,现在大陆也出现了。近年来,中国各银行也展开了信用卡"大跃进",且美其名曰"抢占市场份额"。不少银行为了赚钱,想出各种昏招鼓励客户刷卡。于是,不少持卡人都背负了超出自己偿还能力的债务。"卡奴"现象也会成为一个日益突出的社会问题。

如果你觉得自己挥霍,或许可以通过欺骗冲动基因的技巧加以平衡。比如能用现金就不用储蓄卡,能用储蓄卡就不用信用卡,能用信用卡就不用支付宝。

社会贴现率:无恒产者无恒心

假如这个星球在10天后就要毁灭,你将会怎样安排余生?

让我们再向积极的方向思考,把"社会贴现率"降低一些。假如科技进步了,很容易就可以将你的寿命延长到150岁,你还会继续现在的职业吗?你会不会考虑再学点什么?你会和现在的配偶离婚吗?你会不会更积极地筹划自己的人生?

不仅货币具有时间价值,社会行为也有时间价值。

声誉有时间价值,张爱玲呼吁:成名要趁早。

感情有时间价值，民谚早总结：衣不如新，人不如旧。

冯仑曾有妙喻，时间决定一件事情的性质：赵四小姐16岁去大帅府跟张学良，她去1年，是作风问题；去3年，是瞎搅和；一去30年，那就是爱情。

社会学家将适用于经济活动的贴现率，推广到一般社会活动，得出社会贴现率（social discount rate）这个概念。

在经济学中，贴现率是一个中性概念，它的高低是市场上对货币的供需形势及中央银行的货币政策决定的，无所谓好坏。社会贴现率则是一个带有负面色彩的概念，它与人对未来的信心成反比。

社会贴现率越高，现在越是重要，越会出现"短期行为"，也就是"及时行乐"。

比如，"毒品"是非常有害的，但对于一个将死的癌症患者来说，他的贴现率非常之高，他如果选择注射"毒品"，理性上也解释得过去。

如果你为未来投资的100元钱注定是空梦一场，那你把这100元花了买醉，也未必不是一种理性。

社会贴现率高，是人们对未来失去信心，责任、操守、道义水准越是恶化。

社会贴现率上升是一个危险的信号，它导致社会的不稳定，人与人的联系减弱，机会主义的泛滥。

时局是否动荡、剩余寿命、通胀指数等，都会影响到社会贴现率。

所以孟子说："无恒产则无恒心。"如果产权具有很大的不确定性，那么挥霍了就是一种理性。

跨期抉择：先吃好葡萄，还是坏葡萄

有一种小昆虫叫蜉蝣，朝生暮死。

蜉蝣的一生就是唱歌、跳舞、交配，纵情声色。

假设有一只蜉蝣，自信生命很长，它苦练最佳飞行技术，积极存储过冬的食物。

但是，在日落时分，它和它的小伙伴们一起都挂掉了。

用经济学的理性眼光看，哪种蜉蝣的生命更有价值呢？

古猿的平均寿命只有十几岁，生存环境极其恶劣。过了今天，或许就不再有明天。

人生苦短，命运无常。远见太远，不过是另一种愚蠢罢了。

佛陀也曾这样安慰世人：面对无常的人生，活在当下，是一种理性。从纯理性的角度讲，人生如寄蜉蝣于天地，如不能及时行乐，只能老大徒伤悲了。

但是，我们的时代已经变了。我们已经有相当长的寿命预期，已经经历了相当长的和平年代。我们已经有充分的理由奢谈未来。

跨期抉择，是指针对不同时间段，对"成本—收益"进行的权衡。

> 方鸿渐想起在伦敦上道德哲学课，那位山羊胡子的哲学家讲的话："天下只有两种人。譬如一串葡萄到手，一种人挑最好的先吃，另一种人把最好的留在后面吃。照例第一种人应该乐观，因为他每吃一颗都是吃剩下的葡萄里最好的。第二种人应该悲观。因为他每吃一颗都是吃剩的葡萄里最坏的。不过事实上适得其反，缘故是第二种人还有希望，第一种人只有回忆。"
>
> ——钱钟书《围城》

先吃哪一种葡萄？吃栗子朝三暮四，还是朝四暮三？都是跨期抉择问题。

时间偏好：活在当下与构建未来

现实生活中，人们一般都是"正时间偏好"。就是说，人们认为当下的快乐要比将来的快乐有价值。

小明预订了一辆拉风牌汽车，1个月后才能交货。经销商告诉他，现在提货也不是不可以，但是要加价3000元。

想着现在就可以用上新手机了，小明居然同意了。小明也是具有正时间偏好的人。

小明在小美生日那天说，下周送她一款iPhone新款手机。同样一款手机，可小美觉得，一周以后送来的手机的价值和生日那天送的价值不一样，小美就是具有正时间偏好的人。

"正时间偏好"合乎理性。经济学家观察到，人们的确给当下某物赋予的价值要比给未来"同样"的东西赋予的价值高。

1891年，巴维克在他的《资本实证论》中解释，因为我们对未来缺乏耐心。相对未来而言，现在总要占据更多的优势，现在可以被我们直接感知，而未来却需要我们去想象，天知道未来会是什么样子。

传统贴现效用理论

如何解释人的跨期抉择，萨缪尔森给出了一个贴现效用模型（The Discounted Utility Model）。

不懂这个模型，丝毫无碍完整的人生。姑且省去烦琐公式，把萨缪尔森的观点进行归纳：

1. 在各个时段，贴现率是恒定不变的。

2. 正的时间偏好，递减的边际效用。人们愿意将消费分散到各个时期，而不是集中在一个时期。人们更乐意在30分钟内慢慢吃掉一串葡萄，而不是1分钟全干掉。

3. 在时段跨越中做抉择时，决策者会将新的备选计划和现有计划结合起来考虑。

4. 不同时段的效用是独立的。

5. 在跨期抉择中，任意时段的效用不受其他时段状况的影响。昨天吃的是豆包，明天将要吃花卷，但这两样都不会影响今天你对馒头的胃口。

6. 假定一个人在任意时段，对某一活动所产生的偏好都是一样的。

保罗·萨缪尔森，当代凯恩斯主义的集大成者，传统经济学的最后一个通才。

"朝四暮三" VS "倒吃甘蔗"

按照传统贴现效用理论，人们应该拥有正的时间偏好。

也就是说，如果时间有价值的话，理性人应该尽可能在现在享受好东西，比如成果、胜利、效用、收益、利润、奢侈，等等，而尽可能地推迟到未来去承受坏的东西，比如苦难，悲伤，支出，成本，失败和拮据，等等。

人应该像寓言里的猴子一样，先享用更多的栗子，或者先吃大葡萄。

现实中，很多人刚好和理论的预测相反：情愿从差的起点开始，克服一下，"倒吃甘蔗，渐至佳境"。而不是先来好的，然后慢慢变坏。

至此，我们看出来了，传统的效用贴现理论是有问题的！

鲁文斯坦的新贴现理论

行为经济学经历了两个发展阶段。

第一阶段是"造反"，行为经济学家直指传统经济学的理性人假设。代表人物是卡尼曼、泰勒等人。第二阶段是"媾和"，传统经济学"招安"行为经济学，行为经济学也积极向传统经济学靠拢，对传统经济学理论做一些修修补补。代表人物是马修拉宾、鲁文斯坦等。

新贴现理论就是"媾和"的产物。

鲁文斯坦是卡内基梅隆大学的社会和决策科学系的讲席教授，和泰勒一样都是耶鲁大学经济系的博士，毕业后做了"造反派"，向传统经济学发起挑战。

鲁文斯坦对效用贴现模型进行修正。数学论证统统省略，现将鲁文斯坦观点归纳如下：1. 收益和损失的贴现率不一致；2. 决策取决于人的先前的期望；3. 景气指数与投资储蓄。

未来损益贴现率

你最近表现不错，老板说要发你奖金。

A. 今天就领奖金，可领10000块。

B. 如果一年后领，可领奖15000元。

你选＿＿＿＿＿

鲁文斯坦通过实验证明：今天拿100块的价值相当于一年后拿158块，而今天损失100块的价值相当于一年后损失133块。

远期损失、收益的贴现率不一致：

远期的"收益"比较不值钱，贴现率更高。

远期的"损失"，更为值钱，则贴现率更低。

甚至有人对"损失"的贴现率为负：他们宁可今天损失100块而不是未来损失90块。

抉择取决于人先前的期望

小明和小刚各自预订了一辆拉风牌汽车。小明的2个月可以提车，小刚的4个月可提车。

2个月后，经销商分别联系他俩，告诉他们现在有两种选择。

一是马上可以提车。

二是再等2个月提车，免费给他们的汽车加个电动按摩座椅。

请问谁更有可能等待？答案是小刚更有可能等。

小明的选项是：（1）（应该）马上到手的汽车；（2）两个月后到手的一个更好的汽车。

选项（1）是小明的现状和参照点（reference point）。损失规避会让他保留选项（1），否则他会很痛苦。同时对未来的好处贴现，让选项（2）不那么吸引人。

总体作用偏向选项（1），所以小明更有可能选（1）。

小刚的选项是：（1）马上到手的一辆汽车；（2）两个月后到手的一辆更好的汽车。选项（2）成了小刚的现状和参考点（他本来就要再等两个月），损失规避会让他害怕放弃选项（2），但是对未来的收益的贴现让选项（2）不那么吸引人。

综合来算，总效果没有对小明那么强。所以小刚更有可能等待。

景气指数与投资储蓄

特韦斯基、卡尼曼以及泰勒，这三位更多的是关注微观经济行为。而鲁文斯坦使用他的理论解释了行为学对宏观经济周期中经济行为的影响，特别是对投资和储蓄的影响。

鲁文斯坦认为，让投资者和消费者在不景气时期进行投资和储蓄是一个很困难的决定。因为不景气时期消费者对投资和储蓄带来的（未来）收益打折的比较狠（意味着需要很高的收益率才能吸引他们去投资和储蓄），同时不景气时人们把从降低的收入里拿出钱来投资和储蓄当成（今天的）损失，这样更是要避免。

因此，在经济不景气的时候，和传统经济学的预测相比，投资者更会减少投资，消费者会加倍减少储蓄。但是市道好时，特别是发了奖金，消费者反而会更高比例的增加储蓄。

负债规避

负债规避，是鲁文斯坦最有趣的发现。可以说它是对损失规避原理，以及泰勒心理账户理论在分期付款消费领域的一个证实。

> **负债规避**：是很多情况下人们不喜欢负债分期付款消费，但是，车轱辘话说回来，有些时候，人们又喜欢负债分期付款消费。

先做个调查。

假设您准备去您最想去越南转一转，旅行社报价是5600块。假设这个旅行社声誉相当好，所以不必考虑欺诈的问题。它有两种付款方案供你选择：

A. 一次性付费方案。从旅行之前一次付费5600元，包含饮食、住宿、交通等项目。

B. 分别付费方案。饮食、住宿、交通等项目分别缴费，也就是消费一次，掏一次钱。加起来是5600元。

您选哪种_____

根据传统经济学的理论，钱是有时间价值的，当然是方案B合算。但鲁文斯坦的研究证明，大部分人会选方案A。

再问一个调查：

你希望买一台电视，价格5600元，正好某家电商场有分期付款业务。

你也有两种选择，第一种是一次付清，第二种是分六期付，免利息。

鲁文斯坦的实验证明，这时人们的答案反过来了：84%的人选择分期付款。

消费愉悦VS支付痛楚

人们为什么会对负债会产生两种截然不同的态度呢？

比如说旅游，虽然分次付款有经济上的好处，但是一次次付款的痛楚，会降低了他们的愉悦感。

根据泰勒四则原理和损失规避原理，我们知道，我在消费的愉悦同时，还要经历支付的痛苦。把这旅游的享受和支付的痛苦分开，一个人才会更快乐。同时，如果付钱有一种痛感在里面，那不妨把这些痛一步到位。

但如果每次能把消费愉悦和支付痛楚放在一个账户里，比如，您在每期付钱时，想起了新房子住上了，大屏幕等离子电视看上了，这些快乐可以冲销分期付款的痛楚。

第16章

永恒法则

——平均次元&极端次元

谎言有三种：谎言、真实的谎言、统计数字。

——本杰明·迪斯雷利

疯子，就是用错误前提进行正确推理的人。

——约翰·洛克

天之道，损有余而补不足，人之道则不然，损不足以奉有余。

——《道德经》

社会活动家南怀瑾先生在谈风水的时候说："风水这东西有时也真邪！你说不信吧，有时候还真灵。"

接着，他讲了一个典故。孔子死后，三千弟子一起开会商议如何来安葬他们的老师。葬礼是由子贡来主持的。当时，孔子的弟子们认为长平这个地方不错（就是后来葬汉高祖那块地）。

子贡看了说："这块地不行，因为这块地只能葬皇帝，不能葬夫子；我们夫子比皇帝伟大！"

所以子贡选了山东曲阜城北的泗水之滨。但是子贡又讲了：这块地固然不错，只是这条水有问题。若干年后，下一代女家差一点，再下一代又好一点，再下一代又差一点……

尽管如此，由于过去重男轻女，女家好坏无关大局。所以，虽然有这一点缺陷，这也不失为一块千秋万世的好地，于是孔子便葬在这里。

均值回归

南怀瑾所说的孔家女系盛衰的说法是否属实，我并没有做考证。

根据网上的文献资料，孔家的男丁寿命往往呈现出"这代好长点，下代短一点，再下代又长一点……"的规律。

这个现象其实不算神秘，统计学称之为均值回归。

大自然是有一套内在算法的。比如，高个子和高个子结婚，所生的孩子不一定高，有时甚至比一般人还要矮一些。矮个子和矮个子结婚，生的孩子不一定矮，有时还可能比一般人高一些，比如NBA巨星林书豪的父母，身高都低于中国人的平均值。大自然如果没有这种调节机制，那么人类繁衍几十代之后，只会出现两种人——侏儒和巨人。

从人的自然属性，比如身高、寿命、智能等方面，都会受到均值回归效应的影响。我们认为是随机的事情，冥冥中却受到了大自然算法的牵制。

大自然似乎厌恶极端，偏爱中庸。

它的调节手段之一，就是所谓的"均值回归"。

比如，世界上庸人最多，天才和白痴都很稀少。这在统计学中，就表现为所谓的"正态分布"。

但是，在人类灵魂和大自然中，还有另一种力量，那就是喜欢极端。如果我们能分清这两类食物，就能在决策中少犯错误。

长得丑就没资格生女儿吗

有一位中小企业主，向某位"亚洲顶尖智慧大师"请教："大师，我什么时候能有女儿？"

"你不能生女儿。就你这个样子，生的女儿会漂亮吗？长大会幸福吗？"大师一脸严肃地说，"我没有开玩笑。"

这位大师说的对吗？

事实上，遗传的规律是朝着某个平均数回归。自然界"歪竹子生直笋""直竹子生歪笋"的事情不胜枚举。

丑男丑女的后代，也可能是样貌上佳。比如谐星曾志伟、潘长江的女儿都长得不丑。帅哥美女的后代，未必就是帅哥美女，很可能趋于普通。在这个世界上，长相丑陋的人与长相俊美的人都是少数，大部分都是相貌一般的人。

最早对"均值回归"现象进行系统研究的是达尔文的表弟高尔顿爵士。

高尔顿是一位出了名的"统计狂人"。1875年，高尔顿用一种豌豆种子做实验。他把这些种子还分给自己在各地的亲朋好友，一起帮他做实验。经过大量、艰辛的实验，最后，高尔顿得出如下统计结果：

母豆荚和子豆荚的直径 单位：0.01英寸							
母豌豆	15	16	17	18	19	20	21
子豌豆的直径	15.4	15.7	16	16.3	16.6	17	17.3

　　显然，母豌豆直径的变化范围比子豌豆直径的变化范围要大很多。母豌豆的平均直径为0.18英寸，其变化范围是0.15~0.21英寸，或者说是在平均值两侧各0.03英寸之内。子豌豆的平均直径为0.163英寸，其变化范围是0.154~0.173英寸，或者说是仅在平均值两边各0.01英寸范围内变动。

　　也就是说，子豌豆直径的分布比母豌豆直径，更加趋于"平庸"。这种回归，是生物进化过程中的一种必要调节机制。如果这种回归机制不存在的话，那么，大的豌豆会繁殖出更大的豌豆，小的豌豆会繁殖出更小的豌豆……这样，不出几代，这个自然界就会两极分化，只有"蚂蚁"和"大象"，最终达到我们无法想象的极端。

　　据此，高尔顿提出了一个普遍原理，他称之为"向平均回归"现象，也就是我们现在所知的"均值回归"原理。

旷世天才高尔顿

　　高尔顿是著名的医生和植物学家伊拉斯谟·达尔文的曾孙，另一个曾孙查尔斯·达尔文是高尔顿的堂兄，他写出了惊世骇俗的《物种起源》。高尔顿的爷爷和父亲都是极其成功的银行家。

　　高尔顿是一位天才。4岁的时候，高尔顿就能够阅读任何英文书籍，以及进行加减乘除的运算。

　　美国心理学家特尔曼曾根据有关文献的记载，用他自己设计的次元福–比纳标准对幼年的高尔顿的智力进行估算，他认为高尔顿3–8岁间的智力年龄几乎等于实际年龄的2倍，其智商约为200。

在高尔顿的时代，有一种很可贵的风尚，那就是纯粹为了科学而从事科学研究，而不是出于谋生的考量。

高尔顿有一个嗜好，那就是统计——几乎到了走火入魔的地步。

高尔顿不论走到哪里，都要记录、计算。他曾制作过一份"美女地理志"。在逛街时，他对少女的漂亮程度进行分类，当看到一个漂亮女孩子时，他就在右边口袋的卡片上扎一个小孔。在他的英国"美女地理志"上，伦敦女孩子得分最高；而阿伯丁的女孩子得分最低。

高尔顿通过对10000名法官的审判结果进行统计，发现审判刑期大部分是3、6、9、12、15、18和24年；11年和13年的刑期很少，唯独没有17年的。

他还记录下各色人等的头颅、鼻子、胳膊、大腿、身高、体重的数据，还记录眼睛的颜色、遗传的不孕率、人们听讲座时烦躁的次数以及人们在看比赛时，脸色变化的程度等。

高尔顿本人并不知道大数法则，但自己却从数据中发现了它，他还发明了一种"梅花相位仪"，通过往这种仪器里掷弹球，可以直观地演示钟形曲线的形成。

高尔顿喜欢在深夜进行学习和研究，他发明了一种"精力恢复仪"来使自己保持清醒，这种装置可以向他的头上喷凉水，从而使他保持清醒。在他生命的后期，他发明了一种能在水下阅读的装置；但是有一次，当他在澡盆的水中阅读一本好书时，他差一点被淹死。

天赋可以遗传吗

1859年，高尔顿的堂兄查尔斯·达尔文的《物种起源》发表了，这部著作极为轰动，也极大地刺激了高尔顿。

达尔文最基本的假设之一是，在任何物种的成员之中，都有少量遗传的变化或者差异，进化是通过物竞天择、适者生存的原则发生的。

《物种起源》只是主要针对动物而言的，但高尔顿决定把它的结论推广到人类中。

高尔顿认为人类的进化很可能是通过卓越的大脑向子孙传递而发生的。他将

弗朗西斯·高尔顿（1822－1911），英国统计学家。

这个研究领域命名的"优生学"。

半个世纪后，"优生学"这个词为纳粹所用。纳粹鼓励纯种"雅利安人"的繁殖，消灭犹太人、吉普赛人和其他被他们认为是人类害虫的人种，他们屠杀了成百上千万的、他们认为"完全没有才华和价值"的人们。

高尔顿搜集了大量的名人和平民家族的世系资料，进行客观的调研。

高尔顿特别希望能在他所认为的有着极高才华的家庭中确认出"极度高贵特质"。高尔顿最初的直觉是"天赋世袭"，才华是被代代相传的。比如，和自己有家世渊源的达尔文家族，就诞生了不少杰出人物。此外，贝努利家族也出了不少数学天才。

高尔顿发现均值回归的主要动力，是要弄明白在某些家族为什么这么了不起，为什么牛人辈出。这也符合世人的直觉，也就是"龙生龙凤生凤，老鼠生儿会打洞"。

在做完豌豆实验后，高尔顿又在伦敦成立了生物统计实验室，开始对人群等目标进行统计。

但最后的发现，却让他略感失落。

高尔顿发现，杰出的父母却少有杰出的后代。在杰出人物的儿子中，仅有36%的人仍旧是杰出的，更糟糕的是，在其孙子辈中，只有区区9%的人还能称得上堪称杰出。

在高尔顿的统计中，父母和孩子智商之间的关系，也呈现出均值回归。聪明父母的孩子比IQ一般的父母的孩子聪明，但却没有他们的父母那么聪明。

高尔顿的发现，与他最初的"才智世袭"的假设相去甚远。其实，高尔顿的统计取样是有瑕疵的。比如，老子和儿子都是大法官，很可能是因为裙带关系，而不是智商的关系。这也就是说，天赋或许可以遗传，但概率并不大。

"下等人"的后代不一定素质低，"上等人"的后代素质未必高。公卿的后裔，很可能泯然于众人，所谓"播下的是龙种，收获的是跳蚤"。白屋之家，也可能"麻雀窝里出凤凰"，正所谓"英雄不问出处"。

事实上，生儿育女这件事，人算不如天算。生个小孩，是贤或不肖，既有一定的规律性，也有很强的随机性。

"优生学"的困境

优生学是柏拉图首先提出的，他的学生亚里士多德继承和发扬了这一观点。斯巴达婴儿一出生，就要抱到长老那里接受检查，不要说残障儿，就连体质不够强壮的新生婴儿都会被他们无情抛到荒山野外，任他死去。

学者易富贤指出，古希腊的这种"优生优育"的措施不但没能提高人群素质，反而在降低人口数量的同时也降低了人口素质。从群体来说，某些人可能会终生默默无闻，但是他们的某一代子孙却可能为社会做出重大贡献。

在研究过程中，高尔顿发现，某个人的杰出不能长久持续，也就是说，杰出的生命极为短暂。

高尔顿还发现，在杰出人物的儿子中，仅有36%的人仍旧是杰出的，更糟糕的是，在其孙子辈中，只有区区9%的人还能称得上堪称杰出。

谚云："精三分，憨三分，留下三分给子孙。"

假如一对夫妻都很精明强干，可是生了个儿子却懦弱糊涂，老百姓就会说他们俩太精了，把后代的精明都夺走了。

秦始皇，不可谓不精明强悍，甚至连万世之后的规划都做好了，但他的儿子扶苏和胡亥却被赵高玩弄于股掌。

刘邦，一代人杰。刘邦的妻子吕雉精明阴毒，生了个儿子刘盈却孱弱不堪。

又过了很多代，老刘家又出了个刘备，一代枭雄。但刘备的儿子阿斗却懦弱无能。

所以，谚语讲："十分精明用七分，留着三分给子孙。"

但是，用"均值回归"的角度来讲，智商这东西，如果真的能遗传，并不是你想留就能留的。

英雄乃不祥之物

如果大自然偏爱平庸，那么天才未必就是上天的祝福。

天才最常见的悲剧有两种：一种是癫狂，一种是英年早逝。

比如画家凡·高，数学家约翰·纳什，都有严重的精神病。哲学家黑格尔、音乐节莫扎特、小说家大仲马都有轻度的精神病。英国《自然》杂志发表了加拿大科学家的最新研究成果：有音乐、数学天分的人，可能与其基因的排列失常有关。而同样的基因失序，也可能是精神分裂等精神病的根本原因。

高尔顿也发现，一个人的杰出难以长久持续，也就是说，杰出的生命宛如流星，极为短暂。

高尔顿发现均值回归的主要动力，是要弄明白在某些家族中才华是如何被代代相传的，这些家族包括达尔文家族以及贝努利家族。他特别希望能在他所认为的有着极高才华的家庭中确认出"极度高贵特质"。

高尔顿希望他的后代能够继承他的才智，但他和两个兄弟一个妹妹一样，没能生下一男半女。"老高家"基本上"绝户"了。

英雄出于乱世，所以梁启超预言：英雄乃不祥之物。

套用一下就是：天才呢？当然，这只是个概率问题，并非绝对。

就像庄子在《齐物论》里说那样，天造之才，皆有其用。不必为平庸而哀伤，也不必为卓越而自喜。上帝一定更偏爱平庸的人，否则他不会创造这么多庸众。

身高大预测

你可曾见过身高数丈的巨人，抑或只有几厘米高的侏儒？就算你真的见过，也一定啧啧称奇，是吧。

人类在进化过程中，已经形成了一种自我调节机制，既不会高得离谱，也不会矮得无法生存。

高个子父亲的儿子身高一般高于平均水平，但不会像他父亲那样高。这意味着用于预测儿子身高的回归方程需要在父亲的身高上乘以一个小于1的因子。

有资料显示，前中国男篮中锋穆铁柱身高228cm，妻子170cm，他们的儿子身高180cm，女儿173cm。

篮球运动员林书豪的父亲林继明和母亲吴信信都是只有167cm，而林书豪的身高却达到了191cm。

实际上，高尔顿估计出父亲每高于平均值1英寸，儿子的预测身高就能高出2/3英寸。

高尔顿总结的预测子女身高公式如下：

儿子成年身高＝（父亲身高＋母亲身高）×1.08/2

女儿成年身高＝（父亲身高×0.923+母亲身高）/2

根据这个公式，姚明身高226cm，叶莉身高190cm，算出姚明的儿子身高225cm；姚明的女儿身高199cm。

最大可能是，姚明的儿子比父亲矮，当然也不排除孩子因为各种原因超过姚明的可能性，比如姚明的身高就远超其父亲。父亲姚志源身高208cm，母亲方凤娣身高188cm，而姚明的身高达到了226cm。

怎样预测"下一次"的表现

假设某天，你和朋友去打保龄球，你超水平发挥，以前从未得过这么多分，打得非常出色。那么，不管朋友对你的表现是喝彩鼓掌，还是冷嘲热讽，你下次都很难继续保持这么好的表现，因为你已经"超水平发挥"，你下一次的表现更趋向于回归到你的日常平均水平。

也就是说，你下一次的表现，很可能是表现平平。

20世纪60年代，特韦斯基和卡尼曼回祖国以色列服兵役。

特韦斯基曾向飞行教官建议说，正面的表扬能提升飞行员的成绩。然而，这种教学观点却遭到了一些资深教官的质疑。

一位教官根据自身的经历说："很多时候，在我称赞飞行学员漂亮地完成了一些特技飞行动作后，当他们再次尝试时，他们却完成得非常糟糕。如果我经常对着表现差的学员咆哮，一般来说，下一次他们反而表现得很好。所以，请不要再讲什么表扬有用而惩罚没用的大道理，因为实际情况恰恰相反。"

事实上，这些教官们还制定了一种特别的培训制度：无论飞行员表现如何，教官都必须训斥他们。

卡尼曼也遇到过类似的问题，他曾帮助以色列军队选拔新兵中的领导者。在选拔过程中，年轻的士兵被分成许多小组，然后他们被要求抬着一个电线杆通过障碍训练场。

评委们观察士兵的表现，并将目光聚集在各个小组中最有可能成为"领导者"的士兵身上。

不幸的是，这些测试几乎没有任何参考价值。因为通过这些测试选出的"领导者"，在他们的军事生涯中并没有显示出明显优于其追随者的领导才能。也就是说，那些在选拔中成绩好的士兵，只是恰好发挥得比较好而已。

然而，以色列军方依然继续执行这套测评方案，他们坚持认为这种测评是具有预测价值的。

显然，以色列军方忽略了均值回归的问题。

"数学王子"与钟形曲线

正态分布也叫常态分布，是连续随机变量概率分布的一种，自然界中大量现象是按正态形式分布的。

> 一棵树上的果子有大有小，但大部分都是中等的。
> 河里的石子有圆有扁，但多数属于不太圆也不太扁的。
> 巨人很少见，侏儒也很稀少，多数人是身高中等的普通人。
> 只要样本足够多，那么这个样本群体的情况就会呈现一种规律性。

把正态分布的观察对象，制成一张统计图，就能得到一根两端低中间高的对称曲线，也就是所谓的"钟形曲线"（也叫作正态曲线）。

最早对正态分布进行研究的是数学家棣莫佛，数学家拉普拉斯对此亦有贡献。

德国数学家高斯被认为是最重要的数学家，享有"数学王子"的美誉。

高斯的母亲是一个贫穷石匠的女儿，虽然十分聪明，但却没有接受过教育，近似于文盲。高斯的父亲曾做过园丁、工头、商人的助手等。

在整个数学史上，没有人像高斯那样早熟，比如高斯三岁时便能够纠正他父亲的借债账目的事情。

高斯自己曾说，他在草堆上学会计算。能够在头脑中进行复杂的计算，是上帝赐予他一生的天赋。

当高斯12岁时，已经开始怀疑元素几何学中的基础证明。当他16岁时，预测在欧氏几何之外必然会产生一门完全不同的几何学，即非欧几里德几何学。高斯的传奇、逸闻轶事可以写成厚厚一部故事集。

高斯对正态分布的研究工作对后世的影响最大，他使正态分布同时有了"高斯分布"的名称。高斯是一个天才的数学家，有很多重要的贡献。

德国10马克的钞票上，印有高斯的头像，其上还印有正态分布的钟形曲线。这其实是在说：在高斯的所有伟大贡献中，影响最大者，就是正态分布。

10马克纸币上印有天才的数学家高斯的肖像以及钟形曲线

是的，大树不可能长到天上去。但物价却可以涨到天上去。1923年，德国发生恶性通货膨胀。马克的价值暴跌，通货膨胀率每月上升高达2500%。

正态分布与幂率分布

我们生活的世界，是一个"乱次元"，受正态分布影响的"平均次元"和受幂率法则影响的"极端次元"交叉在一起。

关于幂律（Power Law）现象的最古老论述，很可能出自距今约2500年的《道德经》。书中说："天之道，损有余而补不足，人之道则不然，损不足以奉有余。"

"天之道"，泛指自然界"截长补短"的现象，近似于现代人说的"正态分布"。

"人之道"，是指社会竞争"截短补长"的现象，近似于现代人说的"幂律分布"。

幂律涵盖了很多子定律。最常见的是"二八法则"。

最早总结二八法则的很可能是犹太人。成书于公元3世纪至5世纪的《塔木德》，是一部犹太经典。《塔木德》第四篇说："22：78法则，是一个永恒的法则，没有互让的余地。"根据资料介绍，这一法则是有其数学的来源的。其说法是："假设一个正方形的面积是100，那么它的内切圆的面积则是78.5，剩下的面积即21.5。以整数计算表达，便是22：78。"再如，空气中氮气和氧气的比例，人体中水和其他物质的比例也大体如此。

这世界如果真的有什么"永恒法则"的话，幂律必是其一。

19世纪末，有一位叫维弗雷多·帕累托（Vilfredo Pareto）的意大利经济学家发现，财富分配也是不均的。他指出：英格兰财富的80％，掌握在了20％的人口手里。

许多其他国家和地方也是如此。帕累托由此得出一个结论：财富分配和人口结构之间，存在着一种可以估算的比率。帕累托称之为"关键少数定律"，也就是现在所谓的"二八法则"。

有人将这一法则延伸，80％的工作由20％的人完成；或者80％的工作只产生20％的结果，反之亦然。

事实上，二八法则只是大致的说法，它并不是精准的比率。

如果你承认二八法则成立，我们把二八法则稍作推演，就可以得出更为骇人的结果。

在二八法则的那20％当中也存在不平均，即大部分绩效是由少数人创造的。推演的最终结果是，大约1％的人完成了50％左右的工作。这就变成了90/10法则。

所以，在管理学家彼得·德鲁克看来，这个法则叫作90/10法则更为靠谱。

事实上，很多企业的商品，充满了90%的"陪衬品"，它们只是药引子。有人曾经做过统计，Nike的运动鞋，90%以上是的款式是"陪衬品"，真正畅销的款式不到10%，却构成了NIKE产品90%以上的利润来源。这就不难理解，企业会对某款产品重点推介，不惜重金投放广告，对有的产品，则任其自生自灭。

《穷爸爸，富爸爸》的作者罗伯特·清崎也认为，在金钱游戏中，90/10法则更适接近真实——10%的玩家赢得了90%的钱。以高尔夫球赛为例，所有的职业选手中，有10%的选手赢走了90%的奖金，其他90%的选手再分剩下的10%奖金。

美国总统特朗普甚至表示："90/10法则或许还会演变成95/05法则，甚至99/01法则——1%的人拥有全国99%的资产。"

比如在出版界，则可能是98/2，也就是98%的图书销量来自2%的作者。在非虚构类作品中，这个现象尤其突出，常常会有这样的现象，在8000种图书中，20个品种会占据了销售额的半壁江山。

它使得世界看上去更加不公平，但这却是现实世界的法则。

齐普夫定律

从经济学的角度看，人们在做任何事情时，总是希望以最小的代价获得最大的收益。生产消费如此，创作、交流也是如此。

所以，人们在写文章、说话时总是有意无意地使用常用的词汇。这其实就是"努力最小原则"。

1932年，哈佛大学的语言学专家齐普夫在研究英文单词出现的频率时发现：如果把一篇较长文章中每个词出现的频次统计起来，按照高频词在前、低频词在后的递减顺序排列，并用自然数给这些词编上等级序号，即频次最高的词等级为1，频次次之的等级为2，……，频次最小的词等级为D。若用f表示频次，r表示等级序号，则有$fr = C$（C为常数）。

人们称该式为齐普夫定律。英文单词出现频率所满足的齐普夫定律，不仅对报纸、《圣经》有效，而且对狄更斯的小说、莎士比亚的戏剧等也有效，甚至世界各国的语言也是有效的。

　　词频分布规律是有较为丰富内涵的，学术界认为正态分布是描述自然科学的典型分布，而齐普夫分布将成为揭示社会科学规律的典型分布，所以社会科学界一直很重视这个定律。

　　齐普夫定律与二八法则都是简单的幂函数，我们称之为幂律分布；还有其他形式的幂律分布，像名次——规模分布、规模——概率分布。

好的愈好，坏的愈坏

　　社会学家所说的"马太效应"，出自《新约》圣经所说的"凡有的，还要加给他，叫他有余"。

　　成书于公元1世纪的《马太福音》，记载了耶稣基督的这个譬喻。被后世称为"马太效应"。

　　　有一个人要往外国去，就叫了仆人来，把他的家业交给他们。

　　　按着各人的才干，给他们银子。一个给了五千，一个给了二千，一个给了一千。就往外国去了。

　　　那领五千的，随即拿去做买卖，另外赚了五千。

　　　那领二千的，也照样另赚了二千。

　　　但那领一千的，去掘开地，把主人的银子埋藏了。

　　　过了许久，那些仆人的主人来了，和他们算账。

　　　那领五千银子的，又带着那另外的五千来，说，主阿，你交给我五千银子，请看，我又赚了五千。

　　　主人说，好，你这又良善又忠心的仆人。你在不多的事上有忠心，我把许多事派你管理。可以进来享受你主人的快乐。

　　　那领二千的也来说，主阿，你交给我二千银子，请看，我又赚了二千。

　　　主人说，好，你这又良善又忠心的仆人。你在不多的事上有忠心，我把许多事派你管理。可以进来享受你主人的快乐。

　　那领一千的，也来说，主阿，我知道你是忠心的人，没有种的地方要收割，没有散的地方要聚敛。

　　我就害怕，去把你的一千银子埋藏在地里。请看，你的原银在这里。

　　主人回答说，你这又恶又懒的仆人，你既知道我没有种的地方要收割，没有散的地方要聚敛。就当把我的银子放给兑换银钱的人，到我来的时候，可以连本带利收回。

　　夺过他这一千来，给那有一万的。

　　因为凡有的，还要加给他，叫他有余。没有的，连他所有的，也要夺过来。

其实，这个故事本身，是讲天国的奥秘的，与幂律的关系很微弱。

但《圣经》作为一部家喻户晓的经典，这个典故来指代"截短补长"的现象，可谓恰到好处。

20世纪60年代，著名社会学家罗伯特·莫顿首次将这种现象归纳为"马太效应"。

马太效应（Matthew Effect），是指好的愈好，坏的愈坏，多的愈多，少的愈少的一种现象。

成功乃成功之父

名声也符合幂律分布。

有道是：天下文章数浙江，浙江文章数余杭，余杭文章数吾乡，吾乡文章数老张，我帮老张改文章。

幂律分布的基本特征之一就是"分形"性，也就是说，无论你把它放大到什么程度，它看起来仍然是幂律分布。

你可以记得你们镇上文章谁最出名，也能记得你们省最著名的作家是谁，也记得全国最著名的作家是谁，你却可能记不得全国第二著名的作家是谁。

强大的口碑效应反馈环放大了受众的喜恶倾向，让有名气的东西更有名气，没名气的东西更没名气了。也就是说，成功可以带来更多的成功。用经济学术语来讲，这叫"累积优势"。

正态分布与幂律的区别

天气、豌豆的直径、身体指标等是按照正态分布的，属于"平均次元"。

财富的占有、网站访问量、战争规模、单词使用频率、姓氏的分布、论文被引用的次数、书籍及唱片的销量等，都是典型的幂律分布，属于"极端次元"。

幂律分布和正态分布的最大区别在于，是否存在所谓的"典型规模"。正态分布有一个所谓的"均值"，比如人类的身高、体重、智商等，都是遵循正态分布，存在"标准"的人。

实际上，幂律分布广泛存在于物理学、生物学、生态学、人口统计学与经济与金融学等众多领域中，且表现形式多种多样。

比如，城镇聚集的人越多，就会有更多的人把这个城镇当作目的地。大的越来越大，小的仍然很小，或者变得相对更小。类似广州这种城市，如果不设置政策壁垒，不出30年，人口规模很可能会突破1亿。所以，有国外的专家建议，广州应该按照1亿人口的容量去规划。

再如姓氏的分布，《中国姓氏大辞典》，一共收录了23813个姓氏。而在当代中国100个常见姓氏中，集中了全国人口的87％。中国最大的三个姓氏是李、王、张，分别占总人口的7.9％、7.4％和7.1％。三大姓氏的总人口达到2.7亿，为世界上最大的三个同姓人群。

出版业也是由幂律主宰。假如有人告诉你，两位作者的书一共销售100万册，最可能的情况是一位作者的书销售了99万册以上，另一位的销售还不到1万册。这种情况比每位作者各占50万册的可能性大得多。

幂律表现了一种很强的集中性，对财富的分配来说尤为明显，所谓"朱门酒肉臭，路有冻死骨"。所以，纯依据人均收入来衡量一个国家的发展水平，并没有太大意义，必须要提供一个体现分布不均程度的参数——基尼系数，才能增强比较的可靠性。

基尼系数是意大利经济学家基尼于1912年提出的，用来表现一个国家和地区的贫富差距状况。这个指数在0和1之间，数值越低，表明财富在社会成员之间的分配越均匀，反之亦然。

基尼系数在0.3以下为最佳状态，达到0.33，骚乱事件的数量就会明显增加。

按照国际惯例，把0.4作为收入分配差距的"警戒线"，达到0.6则属于社会动乱随时会发生的危险状态。

经济学家汪丁丁认为，如果基尼系数真达到0.6甚至0.7，那么，总财富的90%或95%，一定是被总人口的不足1%或不足0.5%占有。

目前，尚无权威机构发布中国近年来的基尼系数。

数学不会错，但数学会被用错

与高尔顿大约同时代，有个数学家叫凯特勒，他要把钟形曲线用在一切地方，他要把世界纳入他的平均哲学中。

凯特勒提出，人的特性均趋向于钟形曲线的均数或中数，越靠两极的越少。凯特勒从统计学角度出发看人，认为人的成长是会依从一套既定的法则。所以，我们可以通过统计数字，去推算一个人的发展。他还发明了身高体重比（BMI）来推算一个人的健康状况。

但凯特勒本人一点也不平均，甚至可以说是个偏执狂。凯特勒对钟形曲线的痴迷达到了走火入魔的境地，他提出了"体质平均人"的概念，通过收集统计数据，他开始制造"平均"的标准。胸围、身高、新生儿体重，很少有什么逃过他的标准。

阿道夫·凯特勒又把注意力转入社会学领域，针对人们的行为模式，提出了"气质平均人"概念，凯特勒划定了偏离平均值的范围，他眼里的正常人要么在平均值左边，要么在平均值右边，而那些站在钟形曲线极左端和极右端的人则属于另类，需要惩罚。

高斯并没有错，高尔顿也没有错，"凯特勒才是思想史上最具有破坏性的人"。凯特勒已经死了，但凯特勒式的错误一直存在。

钟形曲线反映的是"平均次元",它就像是"中庸之道"的现代数学表述。

钟形曲线是"不幸"的,因为它助长了一种谬误,即大多数概率分布都是正态的。

钟形曲线很对称,很和谐,很中庸,很民主,容易掌握,让人感觉是温和又可以预测的。收集了足够的数据之后,模式就会自动显现。

很多牛人、专家、教授都不懂(或假装不懂)"平均次元"和"极端次元"的区别,以科学的名义宣扬一些伪科学的道理。

分清"平均次元"还是"极端次元"

有一次,某省邀请搜狐老板张朝阳去给大学生作报告,希望鼓励本省大学生去创业,缔造一批类似搜狐的企业。

张朝阳却这样忠告大学生:创业可以,但不要轻易从事互联网行业。因为互联网行业集中性太强。

这就好比一条街上,有100家饭馆。只要老板够勤快,大部分都能活下去,都能赚到一些钱。互联网行业则不一样,100家网络公司,拼杀到最后,能活下3家就不错了。但活下来的这三家,日子过得那叫一个滋润。

对大学生来说,没有本钱、底子薄,从事互联网创业,是在投资一件小概率事件,实属冒险。开餐厅属于"平均次元",办网站则属于"极端次元"。

有些职业,虽然普通,但从业者日子却过得殷实。类似理发师、牙医、面包师、工程师、计件取酬的工人等,属于"平均次元"。对于希望稳定的人来说,"平均次元"的职业是个当不错的选择。它虽然不至于让你一夜暴富,但也足以让你安身立命了。

类似赌徒、股市操盘手、演员、作家、歌手、画家、运动员、底薪极少的业务员等职业,属于"极端次元"。它可以让你一战成名,更可能让你穷困潦倒。

麦当娜在成名前,为了在纽约谋生,从事过各类工作。她在商店当过店员,做过舞蹈演员,当过人体模特。据她的自传记载,为了充饥,她甚至曾在垃圾箱里找食物吃。她宣称自己曾在被丢弃的"汉堡王"纸袋里头找到东西吃,时间大概为1980年。麦当娜成功后，则是另一番光景。赌赢了，如果她输了，不过是纽约夜总会多了一个寂寂无名的脱衣舞娘而已。

　　某些运动员肥得流油，每年广告代言费数亿。但新闻上也常有某运动员去做搓澡工、甚至偷窃的新闻。这实在不足为奇。有些职业，虽然前台光鲜，背后却是"一将功成万骨枯"。每个成功者背后都有一群饿殍。

第 **17** 章

终极奥义
——均值何时回归

把钟形曲线用在商业领域是不合适的。

——彼得·德鲁克

雪崩时，没有一片雪花觉得自己有责任。

——斯坦尼斯洛·兰姆

真是令人震惊：钟形曲线竟然成为风险管理工具，被监管者和穿深色西服，以乏味的方式谈论货币的中央银行人员使用。

——尼古拉斯·塔勒布

虽然弗朗西斯·高尔顿发现了均值回归，但他本人并不迷信它，他反而鼓励我们去"欣赏广泛的观点"而不仅仅是均值回归的观点。

高尔顿只是把均值回归应用到了遗传等自然科学领域，在这些领域，它多数情况下是适用的、正确的。"天之道"不同于"人之道"，极端次元完全不同于平均次元。股市具有复杂、动态和非线性的特质，我们可以大谈特谈其大趋势，却无法做具体预测。

如果一个股评师用均值回归原理预测股市，不须多看，肯定是蒙外行的。以己之昏昏，焉能使人昭昭？

"均值"何时回归

在20世纪60年代，行为经济学家特韦斯基和卡尼曼曾经回以色列服兵役。在部队里，教练训练飞行员的方式，引起了他们的兴趣。

在飞行员的训练上，教练常谈到若因表现不佳而受到严厉批评，飞行员才会进步；若飞行员表现意外得好，又得到赞赏，则会退步。

教练很自然把这种现象归因于某种心理作用，因此对进步赞许，对退步责难。

熟悉统计学的读者，也许早就看出，这些教练犯了一个错误，其实这只不过是均值回归的正常现象罢了，偏偏却被误解为因果关系。

于是，特韦斯基向这些教练指出了他们的理论缺陷，后来的以色列飞行员也因此改善了待遇，得到了应有的尊重。

均值回归原理适用于体育运动方面，人人都有一个平均水准。但有时会超水准发挥，有时会低于平均水平。任何一连串的重复活动，其结果通常都会接近平均值或中间值。

例如，打网球时连续挥拍24次，如果有一个球打得特别好，下一个球就可能有点拖泥带水。如果不小心打了一记坏球，下一个球通常会打得漂亮一点。

均值回归原理在自然领域获得了验证，它又与一些社会现象颇为相似，例如"天下大事，分久必合，合久必分"，"繁荣的必将衰亡，衰亡的必将繁荣"，"富不过三代"，君子之泽，五世而斩……

均值回归，激发了赌徒的赢钱梦想，也激发了不少投资者的投资冲动。很多人也把均值回归套用于股市，用以风险管理。

同时，均值回归原理成为一些风险控制理论的基础，比如在股市，人们经常说的"市场是波动的"，就是这个意思。

均值回归，从理论上讲应具有必然性。有一点是可以肯定的，股票价格不能总是上涨或下跌，一种趋势不管其持续的时间多长都不能永远持续下去。

在一个趋势内，股票价格呈持续上升或下降，叫做均值回避（Mean Aversion）。当出现相反趋势时就呈均值回归（Mean Reversion）。

这也是逆向投资者恪守的信条：当他们说某只股票已经"高估"或者"低估"时，股价背离了它的"内在价值"，股价最终是要回归的。

"内在价值"，也许真的会"回归"，但关键在于什么时候回归？

到目前为止，均值回归原理仍不适于指导股市预测，即回归的周期呈"随机漫步"。

不同的股票市场，回归的周期会不一样，就是对同一个股票市场来说，每次回归的周期也不一样。

"价值"玄学

巴菲特曾说，从长期看，股市是称重机。也就是说，长期而言，股票价格将向其"内在价值"回归。讲的其实也是"均值回归"的意思。

但是，股票的"均值"怎么确定？"均值"到底是多少，是个很含糊的数字。昨天的正常值很可能被今天新的正常值所取代，而我们对这个正常值却一无所知。

有人曾问：如何评估一只股票的"内在价值"？

巴菲特的老搭档芒格回答：搞清一只股票的"内在价值"远比你成为一个鸟类学家难得多。

好吧，所谓的"内在价值"，也许真的会"回归"，但还有个关键问题无法解决，什么时候回归？

一次，经济学家凯恩斯说：先生们，从长远来看，我们都会死掉的。如果在狂风暴雨的季节里，经济学家仅能告诉说，很久后，风暴会过去的，一切又会恢复平静的，那么他们的工作就太简单，太无用了。

有时，长期趋势来得太迟，即便均值回归原理发挥了作用，也无法拯救我们了。比如，从长远看，一间着了火的房子，总归会归于寂灭。

巴菲特买康菲石油的时候，就犯了"太早看好，入市太早"的错误，被市场狠狠教训了一次。

强制正态分布的荒谬

企业管理方法、考试评分机制等，都喜欢和它挂上钩，以强调其"科学"公平。

强制正态分布绩效评估法本身不是不正确，但多数情况下会因为生搬硬套而"伤及无辜"。

这种绩效评估的原理，是按照事物的"两头小、中间大"的正态分布规律，先确定好各等级在被评价员工总数所占的比例，然后按照每个员工绩效的优劣程度，强制列入其中的一级。这种绩效评估法，以杰克·韦尔奇鼓吹的"活力曲线"最为著名。在这个"活力曲线"里，韦尔奇将员工业绩划为好、中、坏三类，坏的占10%，属于必须裁掉的对象。活力曲线是年复一年、不断进行的动态机制，以确保企业向前迈进的动能。但问题是，假如低素质员工淘汰完了以后，就要在中等和优良员工里硬要挑一些低素质员工来淘汰了。最极端的情形可能是"将军里面挑瘸子"。就好比满分是100分，全部成绩都在90分以上，也要把90分那位淘汰下来。

此外，某些职位的绩效不具有突破性，某些职位的绩效具有很大的突破性。比如产业工人，每天能生产多少产品，存在一个"均值"。而一个新入行业务员，可能在第一年连一份订单都没有做成，却在第二年的产生了令人目瞪口呆的大订单。

均值回归适用于平均次元

奚恺元教授在《别做正常的傻瓜》一书中，举过一个例子，我认为是值得商榷的。

有位老板每年都会给手下的销售员进行业绩排名，并作出相应的奖惩。多年下来，效果非常不好。因为他发现这样一个规律：那些获得奖励的销售员，第二年成绩下来了。而那些受到惩罚的人第二年成绩上去了。

奚教授认为，这位老板忽略了"均值回归"的效用。

做过销售的人，肯定都会对奚教授这个例子感到困惑。事实上，销售这个职业属于极端次元。优秀销售员，成绩会越来越好。因为他的客户会成为他的老客户，同时他会不断发展新客户。

销售员的业绩，和运动员的成绩、产业工人的产量，是两回事。前者符合幂律分布，后者符合正态分布。

在很多行业中，比如广告公司，80%以上的业绩是由20%不到的业务员创造的。笔者发现，在对这些业务尖子进行高额奖励后，并没有出现上面案例中的奇怪现象。如果上面这个案例，改成工厂里的工人，则会让人信服得多，因为工人的能效，基本上可以估算出一个"均值"。

警惕"拿锤人倾向"

西方有句谚语说："在只有铁锤的人看来，所有问题都特别像钉子。"

手持铁锤的人，看什么都喜欢往钉子上联想，而且，都试图通过敲打的方式来解决。

萧伯纳的小说《医生的窘境》中，有一个角色说："说到底，每一种专业都是针对外行的共谋。"这种说法或许过于尖刻，但专业人士确实容易受困于"拿锤效应"，作出错误的行为。

比如，白内障手术已经出现非常先进、安全的方法了，一些医学院教授仍占用大量时间传授老式白内障手术的方法，因为他最擅长这个，并且陶醉于讲台上滔滔不绝的感觉。

统计学教材都会讲正态分布，但对幂律却涉及甚少。对于那些只懂得"正态分布"人来说，一切分布都应该是正态的。

更荒诞的是，受困于"钟形曲线"的人会真诚地认为，他是为别人好，他的理论对社会是有利的。

拥有"拿锤人倾向"的人总是从自己的思维世界出发来理解世间万物。如果世间万物超出了自己的知识范围和思维模型，那么，他们会修正世间万物，让它来符合自己的思维模型。

一抔沙的隐喻

你去海边玩，堆砌一个沙堆，它不断坍塌，不断变高变大。这过程中，有什么规律吗？

1987年，理论物理学家伯·巴克做了一个沙堆崩坍实验。

这个实验非常简单。让沙子一粒一粒的坠落到一个桌面上，最终将堆起一个沙堆。当沙子累积到一定程度崩塌之后，就继续丢沙子，沙堆又再增高，然后再崩塌，如此循环往复，记录数据。

伯·巴克想要知道：沙堆崩塌的规模有小有大，什么样的崩塌规模是最典型的？能否预计下一次的崩塌会有多大？

当然，这个实验很考验人的耐性的。于是，伯·巴克设计了一个计算机程序，模拟了沙堆崩塌实验。

实验者可以从上往下"俯瞰"沙堆。根据沙堆上的每粒沙子所处位置的陡度的不同，计算机会自动让它们变色。位置相对平稳的沙子，就变成绿色；位置比较陡峭的沙子，就变成红色。

一开始，由于沙堆平矮，新添加的沙粒落下后不会滑得很远。所以沙子全是绿色的。随着沙子的堆积，红点逐渐增多，进而形成网络。

一粒沙子掉到"红点网络"上，就能触发周围红点的滑动。如果红点很少，新丢下去的沙子的造成的影响也很小。但是，当红点多到连成片的时候，就无法预测新丢下去的沙子会造成什么样的后果：

　　　　　　也许让沙堆继续长高
　　　　　　也许引发小范围的"沙体滑坡"
　　　　　　也许会造成整个沙堆的崩塌

这种高度敏感的不稳定状态，就是一种"临界状态"。临界状态是指系统处于一种特殊的敏感状态，微小的局部变化可以不断被放大、进而扩延至整个系统。

由于这种临界状态是在沙子堆积过程中自己逐渐形成的，伯·巴克称之为"自组织临界"（self-organized criticality）状态。

"自组织临界"是一种非均衡的状态，其特征是整个系统对外界的微小变化高度敏感。抛下一粒沙，可以发生任何规模的沙崩。即便是最大规模的沙崩的发生，也不过是由一粒普通的沙子引起。

伯·巴克在进行数千次"虚拟沙堆"实验后，也没有找到找到一个典型崩塌规模。

有些沙崩规模小到只有一粒沙子，有些则大到几百万粒沙子。什么样的规模的沙崩都有可能发生，但是并不存在一个典型的崩塌规模。所以，沙崩发生的时间、规模，都是不可预测的。

伯·巴克最有意义的发现在于：沙崩规模虽然不是正态分布，但是却遵循幂律。

伯·巴克发现，沙崩规模的大小与其出现的频率呈幂律关系。沙崩规模越大，则发生的频率越低，参与沙崩规模每增加一倍，其发生的频率则降低减少2.14倍。

如何预测一场金融危机

人们常说，没有经济危机的资本主义，就如同没有地狱审判的宗教。

认为"资本主义好"，那只是只看贼吃肉，没看贼挨打。

资本主义国家的干预手段，只是尽量推迟经济危机的爆发时间。

这很像堆沙子的游戏，更像是一场雪崩的前戏。只是雪崩之后，所有的雪花都主张无辜；骆驼被压死了，每一根稻草都不认罪。

自组织临界理论可以解释诸如山林大火、山体滑坡、地震、火山、洪水规模、战争规模、物种灭绝、交通阻塞，以及金融市场中的幂律分布现象。

上世纪50年代，加州理工学院地震专家古腾堡和里克特收集了发生在世界各地几千次地震资料加以统计，发现地震震级发生的频率不是正态分布，但也不是毫无规律，而是震级越高，则发生的频率越低。而且遵守简单的幂律：一次地震释放的能量每增加一倍，发生的频率就减少为四分之一。这条地震幂律被称之为古腾堡–里克特定律。

战争规模也服从幂律分布。英国科学家莱斯利统计了1820年到1929年间的82场战争，发现每当战争中死亡人数增加一倍，相应规模的战争发生频率降为1/4。

生物灭绝规模也符合幂律分布，1998年有两位物理学家借助考古学界的大量数据，统计生物灭绝规模的分布情况，结果发现：灭绝规模每增加一倍，发生频率就减少为四分之一。

风起于青萍之末

历史是一抔沙。

一粒普通的沙子，飘落在临界点，就足以造成一场大规模的沙崩。

堆积，崩塌，再堆积，再崩塌……

一场战争的爆发，并不需要特别重大的原因。可能起初只是擦枪走火，接下来却是烽火连城。

　　一战前的欧洲巴尔干就像一个火药桶，谁也不知道那颗火星会把它点燃。一起枪击事件触发了第一次世界大战。

　　日本全面侵华战争，也始于一次小小的摩擦。谁也没有想到，华北一个普通日军的"失踪"会造成卢沟桥事变。卢沟桥事变后，当时的报纸，都预测这只是一场小规模的冲突，经过妥协，纷争将很快平息。谁也没有预料到这是日本全面侵华战争的开始。

　　风起于青萍之末，止于草莽之间。大事件的起止，总是在不知不觉间发生，经过一番轰轰烈烈，最后平息。

　　时无英雄，遂使庶子成名。

　　在恰到好处的时间、地点，庶民之子、草根百姓也一样可以改变历史的走向。

　　秦失其鹿，始于一群民工因雨天误工。美国独立战争始于波士顿倾茶事件。一开始，谁也没有想到这些小事的"后劲"会如此之大，会带来如此强劲的连锁反应，如同一粒沙引起了一堆沙的崩溃。

黄石公园效应

　　1998年，康奈尔大学有一位地质学教授，名叫马拉默德。他设计了一个计算机程序，模拟森林火灾。

　　他在网格上种虚拟的树，每一步骤在某个格子上种一棵，种在哪一个格子上是随机的，每个格子只能种一棵。随着时间的推移，网格上的树逐渐多起来。

　　然后，每隔一定数量的步骤之后，程序就往网格上扔下一根虚拟的火柴，扔在哪里也是随机的。如果扔的那个格子上有树，树就被点燃了。如果这棵树相邻的四个格子上有树，火就传了过去。

　　接下来，改变了"放火"的方式。他设计了两个火柴的投掷方式：第一种，计算机每种下一百棵树就扔进一个火柴。第二种，每种下两千棵树才投掷一个火柴。

　　第一种游戏出现了很多次小的火灾。第二种游戏出现的火灾次数虽然大减，但是频频出现整个网格都被烧光的大火。

　　马拉默德反复地运行这个程序，统计每次虚拟野火的规模，并没有找到典型的野火规模，却发现野火的发生规模，也呈现出幂律分布的特点。野火的规模越大，发生的频率就越低。

　　这个实验很具有现实意义。

　　近百年来，美国政府对待山林火灾的态度是"零容忍"，消防队员积极扑灭每一场萌芽的野火，防患于未然。

　　消防员的干预，消除了自然界本该出现的零星山火，老树没有被及时烧掉，枯枝、落叶、树皮、干草，越积越多。换句话说，美国政府把森林带入了一个非常敏感的临界状态。

　　这个政策的效果适得其反，1988年，黄石公园突发大火，烧掉了32万公顷的森林，占黄石公园面积的36％。遏制野火的结果是，火灾更难控制了。

　　美国政府意识到，野火是维护自然生态系统的一个关键环节。1988年，美国的山林防火政策作了修正，对于小规模野火不再扑灭，而是任其燃烧。

第**18**章

幸运迷思

——诿过于命&妄夺天功

不信书，信运气。

——曾国藩

在我年轻的时候，人家叫我赌徒，操作规模变大之后，人家叫我投机客。现在，大家都尊称我为银行家。其实，我从头到尾做的都是同样的事情。

——维克多·尼德霍福

迷思，是个舶来词，源自英语myth，神话的意思。

按照进化论假设的模型来看，猴子进化为人是一件无限接近于零的事情。然而，你却在读这本书。

是的，你说这是一个奇迹，一个神话，都不为过。

无巧不成"苏"

玛丽苏，是文学批评中的一个概念。玛丽苏，即Mary Sue的音译。玛丽苏一词原出于国外的同人小说圈。1973年，美国有位蹩脚的作者创造了一个名叫Mary Sue的虚构女主角，这位玛丽苏非常完美、非常幸运，集天下主角光环于一身。在文学评论圈，这种主角无论男女，统一简称为"苏"。

然而，成为一名虚构作品畅销书作家，却需要时刻谨记一条金科玉律：无巧不成"苏"。

不论是金庸的武侠小说，还是琼瑶的爱情小说，哪一位主角的活动不是"奇遇连连看"？

金庸晚年非要把幸运儿韦小宝的下场改的很悲催，这让读者心理上非常难以接受。且不说韦小宝、段誉这种超级苏，就连悲剧英雄乔峰在离世之前也奇遇不断啊。

玛丽苏其实契合了人类的认知，迎合了我们的骨子里的渴望。

按照进化论的假设，人类是自然选择的产物。是大自然赋予了人类冒险的天性。

按理说，大自然应该偏爱理性的物种。吊诡的是，理性的、自知之明的、回避风险的人，大多已经绝种。大胆的、乐观的、喜欢冒险的人，反倒基因广布、开枝散叶。

我们，是那些敢于和命运对赌的冒险家的后裔，是那些爱下赌注的幸运儿的玄玄玄孙。

幸运属于勇敢者

万物生长，不但要面对族群外的压力，还要面临族群内的压力。

理想状态下，任何物种的繁殖，都有呈几何级倍增的趋势。只需很短的时间，它们的后代就会开枝散叶，遍布每个角落。地球将不堪重负。

假设大象的寿命是100岁，雌象一生产仔6头。只须750年，一对大象的后代就可达到19000000头。可是，几万年来，地球上大象的数目从未达到这么多。

大自然很难做到"厚德载物"，她更像是一家博彩公司的老板，通过各种"赌局"和"抽奖游戏"，只接纳少数的幸运儿。

过度繁衍，使得和平共处成为幻想，动物们要参与大自然的赌局，这就是自然选择的。

在猴群中，强壮的猴王可以妻妾成群，瘦弱的公猴可能连一个异性伴侣都难找到。

假设一只瘦公猴和一头壮公猴，同时喜欢上了一位漂亮的雌性猴子。壮公猴向瘦公猴展示肌肉，想吓退这位情敌。瘦公猴只有自我催眠，自我夸大自己的实力，才有可能参赛，击败对手，以较低的概率获得交配权。理性的、有自知之明的瘦公猴则会弃权，获得交配权的概率为零。

我们都是王侯将相的后裔，我们能活到现在，祖先们都曾经历过各种侥幸。

能够经历几百万年的演化，今天还在这里悠然读书，确实让人不得不怀疑是否曾经"开了外挂"，曾经拥有永不消失的运气呀！

三千世界，谁主沉浮

面对不确定的事情，大多数人都会焦虑，并且各有一套安抚这种焦虑的心灵秘术。

从理智上讲，如果一件事是随机的，我们其实是没必要担心什么的，坦然接受它的不确定性即可。可是，我们却会为之焦虑。

发现独立事件之间的神秘关联，寻求玄学的帮助，与一个人的心理压力是正相关的。压力之下，我们不由自主会乞求神灵帮助。

我们生活的，究竟是一个真随机的世界，还是隐藏着各种"千术"，可以找出"bug"的世界？

思想家帕斯卡曾说：我不知道上帝是否存在，如果他不存在，作为无神论者没有任何好处，但是如果他存在，作为无神论者我将有很大的坏处。所以，宁愿相信上帝存在。

这则"心灵秘术"被称为"帕斯卡赌注"。

"求存"比"求真"更重要，这大概是一种超越理性的理性吧。思想家尚且如此，我们又怎么好苛责普通人的"迷信"呢？

我们来到这个世界，就已经置身于强大的不确定之中。这种不确定性，驯化了我们的行为模式。

很多人都有某种迷信的小怪癖。比如走路不小心踩到井盖，一定会拍拍屁股，以祛晦气；又比如捡到钱找不到失主会双倍花掉……

很多名人也有怪癖，比如史玉柱的发型和服装颜色，更像是基于玄学的指导，而非审美原则的指导。演艺是一个运气至关重要的行业，每一个超级明星背后，至少埋没着一千个相同禀赋却默默无闻的同行。为什么马云会和一帮艺人到处去寻仙？因为他们有着相似的压力。

当然，一些人不迷信，可能只是"太年轻"。

不信书，信运气

曾国藩年轻时性格执拗。也许正是这种性子，反而赢得了满清皇帝的信任，发给了他一张练兵的"牌照"，来剿灭太平天国农民起义。满清政权中的汉臣，终于可以合法地组建军队了。

曾国藩口衔天宪，拼了老命去打仗，但也只能屡战屡败，屡败屡战。曾国藩在与太平军作战的过程中多次被打得落花流水，几欲自尽。最后莫名其妙地成功了，究竟是运气使然，还是个人努力的结果，只有曾国藩自己最清楚。

曾国藩总结，自己在年轻时"耻于言数"，喜欢贪天之功，喜欢自己折腾，但哪次巨大胜利和失败不是运气使然？曾国藩临终前，特别交代了六个字："不信书、信运气"。

世界上大体有两种人，一种人认为这世界一切都是偶然的，随机的。

还有一种人，认为这种随机只是一种虚假的表象，背后还藏着一种"算法"或心灵秘术。

于是，几千年来，这个星球上最聪明的脑袋，几乎都在探索"随机"背后的终极奥义。

曾国藩其实本来就很迷信。曾国藩自有一套，还归纳成书看人心法，名曰《冰鉴》。这种书，你可以辩护为人类面相的统计学结晶，有时警方甚至会用来参考破案；也可以斥之为封建迷信的糟粕，因为有时候确实错得离谱。

坊间关于曾国藩看相的传奇故事，数不胜数。但有一则却被人故意忽略，我凭记忆复述，以飨诸君。故事发生在曾国藩在集结江南大营期间。某晚，月色如水，曾国藩来了兴致，踏着月色散步。走到某个野村，听到传来琴声。此琴声不同凡响，曾国藩循声而去。看到某个院子里有一白衣书生在月下抚琴。

曾国藩对此人很感兴趣，就上去交谈。此人谈吐十分有见地，切熔经铸史，十分渊博。曾国藩又看这个人的面相，认为是个非常诚实可靠的人，真可谓德才兼备。于是聘任他到军中，担任后勤要职。半个月后，此人席卷了大量黄金，消失于茫茫人海中。曾国藩怅然若失。

越是高风险的领域，越是玄学盛行。因为未来是不可控的，责任是重大的，把锅甩给神明，是个好办法。据说中国的堪舆术在华尔街很有市场，华尔街是个大赌场，玄学、巫术都有市场。

小米科技创始人雷军先生，是一位科学工作者，也是一位创投家。雷军是中国IT界的元老级人物，马云、马化腾都比他要晚出道好多年。据说雷军做重要决定前是要"夜观星象"的，因为他要寻找运气的风口。

小米错过的运气之一就是阿里巴巴。当年马云创业拉投资，曾经有求过雷军。但雷军的手下说，此人"獐头鼠目，满嘴跑火车……怎么看都是骗子！"做创投居然要靠面相做决定！

偶然中的必然

传说，曾国藩和自己的某位表兄弟是同一时辰出生，两家仆人去报喜的时候在半路上碰到了。算命先生认为，这一时辰出生的男孩有杀气。后来果然被言中，曾国藩的一生充满了杀气，他自诩"霹雳手段，菩萨心肠"，镇压太平天国运动，也收获了"曾剃头"的绰号。至于曾国藩是那位表兄弟，虽然没有做官，却从事了杀猪的营生，做了屠户。

这则轶事的真伪不值得深究，因为生辰八字、属相、星座这种东西，根本就是一种迷信嘛！但是，有一些怪异事件又会让人不得不重新检视这些东西。

雷军先生在总结自己20多年来的教训后，说自己每天最重要的工作就是"夜观星象"，寻找运气的风口。他举了一个国外的例子。讲的是加拿大冰球队五年的冠军名单。如果你足够心细，会发现这份名单中4月份以后出生的一个人都没有。

这个统计规律很诡异，所以值得探究背后的原因。

原来，加拿大冰球队少年队的入选标准是在当年1月1日满9岁的人可以入选。我们想一想，1月1日满9岁的人，如果他的生日是1月份的话，就意味着他已经快10岁了，而如果你是12月的，也就是你刚好9岁，在冰球赛场上，那个10岁的小孩肯定比9岁小孩体能好，这样层层PK的结果就是，4月份以后出生的全部被淘汰，就变成1月份出生的40%，2月份出生的30%，3月份出生的30%，4月份以后出生的全部出局。

就算你禀赋再好，生来就是打冰球的种子选手，但你出生晚了几个月，人生篇章就要改写。

我有位朋友，曾经做过柯洁的教练，可见他围棋天赋很好的。这哥们因为早出生了几个月，在他18岁那年遇到一个坎儿，那年出了一则规定：年满18对不能进国家队了。于是这位朋友很受打击，玩了两年魔兽世界。他说是魔兽世界救了他。两年后，这个年满18岁不能再进国家队的规定又莫名其妙地废除了，但他已经心灰意冷。

出生日期，决定了你的人生轨迹！这就是运气，偶然中的必然。

同理，美国IT业的成功创业者，比尔·盖茨1955年出生，史蒂夫·乔布斯在1955年出生，许多有影响力的IT精英人物全在这一年出生。真是时也运也。

一个真正唯物主义者，必然是承认运气的存在，唯心主义者才会无视运气。因为运气是偶然中的必然，它的别名叫概率。

沉默的证据

西塞罗讲过一个故事：有人拿着一幅画去传教，上面画有一群正在祈祷的拜神者，他们在随后的沉船事故中幸存了下来。其寓意在于说明祈祷能保护人们不被淹死。有个还没有信教的人问："那些祈祷后被淹死的人的画像在哪儿？"

这就像一个拉你入伙做直销的人，总告诉你某某人做到"钻石"是如何的美好，但却不说那些入不敷出的同行。

死者（失败者）没有发言权，所以，这些话能够忽悠那些粗枝大叶的人。这种情况叫作"沉默的证据"效应。

英国哲学家弗兰西斯·培根认为，"沉默的证据"效应是一切迷信形成的方式，不论是占星术、解梦、预言、占卜还是别的什么。

幸存者谬误

曾经声名狼藉的投机客维克多·尼德霍福坦言："在我年轻的时候，人家叫我赌徒，操作规模变大之后，人家叫我投机客。现在，大家都尊称我为银行家。其实，我从头到尾做的都是同样的事情。"

1000名投资专家参加一场俄罗斯轮盘赌，每六个月进行一次闯关游戏。

枪里装两颗子弹。（这样比较接近CEO做市场决策时的成功概率。）

> 爆头游戏第一季：大约300名幸存，700名CEO喋血于市。
>
> 爆头游戏第二季：大约100名幸存，200名被爆头。
>
> ……

　　走到最后，只剩下1名投资专家。就是乌有公司的老总邬龙先生，他还写出了书叫《赢了》。不读你也可以猜到，他的书可以浓缩成一句话：他总是在正确的时候做了正确的事情。他会说自己之所以闯过鬼门，是因为自己机灵。

　　投资市场，哪位专家的幸存下来了，立刻就会成为媒体的热点。这更可能是媒体的无知，人们都喜欢用表面的东西理解世界，比如连续10年盈利，这人一定具有很深刻的洞察力。或者是媒体的噱头，为了抓住受众，夸张的溢美之词层出不穷。

　　这是典型的"幸存者谬误"：一个傻瓜只是因为幸运存活下来了，却成为人们心中的能人，而其他999个死者却被人们遗忘。

暴得大名，顾盼自雄

　　我们有时会把运气归为个人的功劳，有时又把人为的操纵视为"随机"。

　　组织两千万群众，大家一起玩一个抛硬币的赌局（假设硬币绝对均匀）。

　　正面算赢，反面淘汰。

　　每天抛一次，逐场PK。

　　输者罚一元钱，退出游戏。最后剩余10名赢家分享2千万奖金。

> 根据大数法则，第一天将近一千万人淘汰。
>
> 第二天，大约还有五百万的幸运者。
>
> 第三天，还有二百多万的幸运者。
>
> 第四天，还有一百万左右的幸运者。
>
> 第N天，产生了1名幸存者。

他们是走运呢？走运呢？还是走运呢？

是他们掷硬币的比别人技术好吗？

是他们比较聪明吗？

是他们学历比较高吗？

无他，运气而已，只是运气。

大数法则，是偶然中的必然。

可是，有些人就是不肯承认运气。把运气视为为唯心主义的人，才是真正的唯心主义者。

还有人试图从这10人中寻出共同特点：如身高、样貌、性格、学历，于是，成功学诞生了。

成功学的思路是，先提出一个论点，然后寻找论据。正如一个律师，不会给自己的当事人网罗不利证据。他们对相反的证据视而不见。

成功学大师经常开出如下药方：

（1）谦逊

（2）自信

（3）勤奋

（4）坚韧

这些当然是普世价值，但大师没有见过成功的狂徒吗？人究竟是成功后变得自信，还是自信后才成功？明明有电梯，为什么非要爬楼梯？明明有座桥，为什么还要摸着石头过河？

成功学的本质就是把小样本中的特征，强推到大样本中。

冒牌管理学家也一样，他们都不知道（或假装不知道），大的成功，多是基于运气。

甲专家：多元化战略更适合企业在市场竞争中利于不败之地，不要把鸡蛋放同一个篮子里。

乙专家：专业化的企业存活率高，也更长寿。

他们假装没有看到，专业化的路上枯骨无数，混合经营的路上也是尸横遍野。

生死有命，富贵在天

如果一个人生了病，就会检讨原因。从自身生活习惯找原因，从环境找原因，从遗传找原因……

可是，有的人坚持养生、锻炼、优化饮食结构，避开环境污染、不饮酒、不吸烟……过着几近于完美的生活方式，而且年纪也不算大，仍然会患上癌症。这是为什么呢？

美国癌症专家贝尔特·福格尔斯坦等人，利用数学模型对全球48亿人口，423个国际癌症数据库的分析后，得出了一个结论：约66%的癌症基因突变，可归咎于健康细胞在分裂过程中发生的DNA（脱氧核糖核酸）复制随机错误，而不是遗传基因或环境因素。

用大白话说就是，多数的癌症没什么原因，只是"点儿背"而已。

巴菲特的伯克希尔·哈撒韦公司，是因为赌气才买下来的。当时，他采取的买便宜货的"烟屁股"策略。之所以选择这家公司业绩很差的公司，是因为它有厂房可变卖，释放现金回购股票。但这家公司总经理揩了巴菲特一些油。这令巴菲特怒火中烧，干脆把它收购了。巴菲特说，那时他父亲才去世五天，自己情绪不稳定，才犯了这个愚蠢的错误。但经过一连串的阴差阳错，巴菲特因祸得福，以这家公司为旗舰，事业蒸蒸日上。

我非常欣赏巴菲特对运气的态度的，因为巴菲特有一个著名的"子宫彩票"理论，承认自己是个投胎小能手。是的，严格追究起来，就算一个人智商超群，这难道不也是一种运气吗？而智商、身高东西，其实也是受到这个世界的某种"算法"约束的，并不是纯随机的，比如后面我们要探讨的"中值回归"现象。

巴菲特蒙眼投飞镖

多年前，哈佛大学有一位著名的经济学教授，曾讲过一猴子炒股的故事，来揭示巴菲特之成功纯粹因为运气。

科学家模拟了1000000只猴子，让它们通过扔飞镖选股票，假设猴子幸运扔中的概率为十分之一。

第一年，淘汰900000只输给大盘的猴子。

第二年，剩下10000只猴子。

第三年末，剩下1000只猴子……

第四年，还剩下100只猴子。

不得了，这100只猴子已经连续四年跑赢大盘！

于是，科学家决定把沐猴而冠，为它们穿西装，还给它们配备幕后写作班底，写出机智幽默，利于传播的投资报告。

不幸的是，第五年，又有90位明星猴子被淘汰了。

到了第六年，还剩下最后一个猴子，这只猴子被封为"股市神猴"，登上了个大财经杂志封面。

面对质疑，巴菲特的最佳策略其实是应该保持沉默。鉴于这位教授的影响力，巴菲特居然做出了回应。

巴菲特说："如果一群猴子总是能够获胜，那么或许我们该看看饲养员喂了他们什么特别的东西。如果他们吃的东西也没有区别，我们可以看看他们的饲养员是谁"。巴菲特认为这群战胜市场的猴子是价值投资者。

他这个回应其实非常苍白，大失水准，丝毫没有致股东的信里的那种自信与睿智。

于是，巴菲特的门徒们纷纷出来替老师辩护。

其实，巴菲特本人是认同这个理论的。

多年以后，在特朗普参选美国总统期间，巴菲特现学现卖，用同样的套路来嘲讽特朗普："猴子都比特朗普会投资，1995年的时候，即使是猴子在股市上做了投资，他们的平均回报率也将达到150%。而特朗普却连赔了个精光。"

我认为教授和巴菲特这场论战打了个平手。第一，我并不认为市场是纯粹"随机漫步"的；第二，我也不认为成功是完全靠概率的。

开了"外挂"的猴子

一次受孕，就是一个奇迹。

生育年龄的男子，如果排出的精子数量稀少，就不能使女方受孕。一个正常育龄男子，一次排精在3亿左右，而终极只有一枚精子完成与卵子结合的任务。其他几亿精子只是陪玩的牺牲品。

精子与卵子完成结合的任务前，概率法则主导它们的命运。当某一枚精子完成与卵子的结合后，它就不再是一枚单纯的精子了，它不再像它的几亿小伙伴一样受概率淘汰法则的影响了。

一颗浮萍是无法主宰自己的方向的，风往哪吹它只能往哪漂。如果这颗浮萍长成了一棵树，情况就会有所改变了。

巴菲特的成功，其实是一个投资群体的中的注定会出现的现象。

当巴菲特登顶封神之后，就宛如一枚与卵子结合的小蝌蚪，不再适合用概率法则分析了。

当一个超级明星诞生后，他的一举一动都会受到市场的关注。

你可以说巴菲特从不"坐庄"，因为他已经不需要坐庄。市场上具有"价值投资"属性的股票千千万，但大多籍籍无名。如果哪一只冷门股票但被巴菲特"翻了牌子"，立刻就会成为万众瞩目的模型股票。

这个时候，股神效应就出现了，股神自带光环，而这种光环又强化了他盈利的可能。

巴菲特曾经是一只猴子，但猴子一旦封神，起决定作用的就不再是概率法则了，而是幂率法则。

所谓"幂率"，通俗来说就是马太效应，强者恒强。这个时候，"股市神猴"会宛如游戏中的玩家开了"外挂"。

按巴菲特自己的话来说，自己确实曾经是一只猴子，只是在查理·芒格的点化下，已经进化为人。

第19章

快乐重构

——幸福微积分

你所得到的叫作价值，你为此支付的叫作价格。

——沃伦·巴菲特

为幸福而愚蠢，强于为不幸而愚蠢；拙劣地跳舞，强于颠踬地走路。

——尼采

在人类幸福体系中，最普遍、最重要的特征是，人们对负面的刺激更为
敏感。

——阿莫斯·特韦斯基

行为经济学逐渐形成一个流派：幸福经济学。

但是，汪丁丁教授认为，幸福这个概念，其实未必准确，满意或许更为恰当。

大量的一般的好消息比一个非常好的消息更令人感到满意。经常崭露头角比一鸣惊人的人会更感到满意；每天逛街一次比每周逛街一次更让人感到满意。

忧愁是可微的，快乐是可积的，我们运用行为经济学的原理，将满意最大化，痛苦最小化。

回到边沁

经济学本是一种帝王术。

经济这个词，有经世济人的含义。经济学家在古代就是"帝师"；而现代国家的高层幕僚则被称为某某学派的经济学顾问。

同时，经济学也是一种关于匮乏的学说。所以，老百姓爱说，这样做最经济，这时经济就是"划算"的意思。养猴人可以在食物短缺的时候，通过重构食谱，来达到猴子的满意。社会管理者也可以在资源有限的情况下，实现大众福祉的最大化。

杰瑞米·边沁是英国的法理学家、哲学家、经济学家和社会改革者。边沁认为，最好的社会，就是其中的公民最幸福的社会。也因此，最好的政策就是能产生最大幸福的政策。

杰瑞米·边沁（1748—1832）英国的法理学家、哲学家、经济学家和社会改革者。

边沁认为，快乐应该是可以量化的。

卡尼曼在《回到边沁》一文中，主张让经济学的基础，从马歇尔的效用，回到边沁的价值（快乐）。

我们先举一个例子，来探讨这种主张的合理性。

> 20年前，政治家们遇到一个问题，"如何才能改善伦敦至巴黎之间的交通"？
>
> 政治家们在传统经济学思想的指导下，想出了一个非常好的工程解决方案，即耗费100亿美元，在伦敦和蔚蓝海岸之间建造全新的轨道，使三个半小时的旅程缩短至两小时五十分钟。
>
> 然而，用"幸福经济学"做指导，得出的可能是另一种方案：不用重修铁路，只需招一批超模过来，让这些俊男靓女在旅途的全程走秀，免费发放各种高档饮料，直到旅程结束。
>
> 这样不但能省下50亿美元，甚至还会有旅客嫌火车开得太快。

思路一转天地宽啊，同志们。作为改善旅客体验的方法，提速至是一种"效用"；改善体验则是一种"价值"。

伊斯特林悖论

传统经济学认为金钱的效用是绝对的，行为经济学则告诉我们，金钱的效用是相对的。这就是财富与幸福之间的悖论。

美国南加州大学经济学教授理查德·伊斯特林（R.Easterlin）在1974年的著作《经济增长可以在多大程度上提高人们的快乐》中提出，即：通常在一个国家内，富人报告的平均幸福和快乐水平高于穷人，但如果进行跨国比较，穷国的幸福水平与富国几乎一样高。

比如，日本人的平均国民收入是波兰人的十倍，但两国国民的幸福水平却不相上下。波兰人和匈牙利人的经济收入相当，但波兰人却明显比匈牙利人更自在。

此外，伊斯特林通过调查还发现，40岁左右是人一生中最幸福感最强的时期。这可能与很多中国人的感受有点出入，因为很多人40岁的时候正是"上有老下有小"，如果事业不成功，就会压力很大。当然，人具有适应性。所谓"四十不惑"，就算收入不高，已然学会自我调节。

幸福、快乐应该是整个社会追求的福利目标，它并不主要取决于这个国家物质财富的多少，而应当是物质富裕、政治民主、文化先进、社会和谐、生态文明的统一体。一个国家只有在这些方面协调发展了，国民的满意度、幸福感才能增强。

国民福祉不能唯GDP马首是瞻

"国民幸福指数"，又称国民幸福总值（GNH，Gross National Happiness），是一个新兴概念，由不丹国王日热米·旺查克提出。

日热米·旺查克认为"政策应该关注幸福，并应以实现幸福为目标"，人生"基本的问题是如何在物质生活（包括科学技术的种种好处）和精神生活之间保持平衡"。在这种执政理念的指导下，不丹创造性地提出了由政府善治、经济增长、文化发展和环境保护四级组成的"国民幸福总值"（GNH）指标。

如果说国内生产总值（GDP）和国民生产总值（GNP）是衡量国富、民富的标准，那么国民幸福指数（GNH）就是衡量人们对自身生存和发展状况的感受和体验，即人们常说的幸福感。

与过去推崇"生产总值"时的"物质为本、生产为本"经济模式相比，"幸福总值"更多的是对"以人为本"理念的体现。

所以，不丹国王制定政策的原则是：在实现现代化的同时，不能失去精神生活、平和心态和国民的幸福。在不丹，幸福并不是由拥有或占有的财富决定的，而是由人们拥有的知识、生活技能、理想、同情心、互相合作等因素组成。

泰勒四原则——如何让自己更快乐

有一则著名的笑话讲，有两个消息，一个好消息，一个坏消息。你们要先听哪一个？

坏消息是：我们已经迷路啦，只能吃牛粪了！

好消息是：有很多牛粪。

其实，在好消息和坏消息不变的情况下，公布的方式不同，效果（笑果）也会不同。

行为经济学家理查德·泰勒把自己的心理账户理论，推演成4个原则，帮助我们的快乐最大化。

原则1，好消息要分开说。

原则2，坏消息要一起说。

原则3，小好大坏分开说。

原则4，大好小坏一起说。

施恩于人，宜点滴渐进

忘记是哪位政治家写的书了，其中有句话还有印象，就是施恩于某个人，要点滴渐进、累次叠加，不宜一次全给。

比如，你是个富翁，想给予某人100万美金。如果一次全给，不但会给被施予沉重的心理负担，而且效果没有分次给要好。

如果你分若干年，以不同的形式给予他，效果可能会比一次给一百万效果好的多。对方也会更快乐。

各种道理，还可以用在员工薪酬制度的设计上，具体如何操作，就不再赘述了。

老张中了一个75块的福利彩票。

老沈中了个50块的体育彩票，和一个25块的福利彩票。

这两位谁更郁闷？

多数人都会认为老沈更快乐。

我们可以把"原则1，好消息要分开说。"这样推演。如果有多个经济活动均涉及"好处"，尽可能的单列。

长痛不如短痛

侯宝林有一个楼上楼下的段子。楼上的小伙子喜欢穿大皮靴，深夜归来习惯随手扔靴子，楼下的老头儿睡得早、觉又轻，动不动就被小伙子的大意所惊醒，时间长了老头儿反而养成了听到两声靴响入睡的习惯。

问题出在突然，突然小伙子不知怎么在扔下了第一只靴子之后想起了楼下老头儿的提醒，第二只靴子就被轻轻地放到了楼板上，不知道小伙子变化的老头儿却为了等候第二只靴声而整整等了一夜。

细雨常润的幸福感，比久旱逢暴雨大幸福效用更大。而痛苦的感觉正好相反，正所谓长疼不如短痛。钝刀子杀人比较残忍，有什么坏事儿倒不如来个痛快。

虽然对很多人来说，购物是一种乐趣，刷卡是一种痛快，但一定要相信，人在付款的时候是有痛感的。

上点档次的鞋店里，会同时卖几款鞋油，并且这些鞋油都挺贵。可以想象，既然已经花2000块买了皮鞋了，还会在乎80块钱买盒鞋油吗？顾客在心理账户就这样被摧毁的。

天价装修材料也是这样想情形下卖出的，都花200万买了套房子了，还会在乎1万块买只天天都要用到的马桶吗？

很多人都会有这种想法：既然痛苦不可避免，索性让痛苦一次性完成。

根据"原则2，坏消息要一起说"，企业在销售昂贵的东西的时候，尽可能的创造搭售的备选件，它们比较容易卖给顾客。

比如很多汽车的备选件，也是这么被推销的。有经验的汽车销售员，常常报一个加了备选件的总价格，而不是单独强调某一个备选件的价格，让您觉得和标准型一比，总开支没加多少。

先报喜，后报忧

为什么要"小好大坏分开说"呢？

我们把前面的笑话中恶搞的成分去掉，稍作改编，有两个消息，一个好消息，一个坏消息。

你们要先听哪一个？

坏消息是：我们已经迷路啦，只能吃苹果了！

好消息是：有很多苹果。

显然，先报喜，后报忧，带给大家的快乐要多一些。

金融危机了，老张的股票损失了90万元.

老沈在这次金融危机中损失了100万元，但是投资的房产赚了10万元。

这两位谁更郁闷？

当然是老张。

如果有某个经济活动涉及到大笔开支/损失，同时有某个经济活动减少了一点该损失，把该经济活动单列出来。

重大利好可以"对冲"损失

为什么"原则3，大好小坏要开说"？因为大好事可以拿来"冲喜"。

张三的某部稿子，从出版社拿了，30000元稿费，但张三必须自行缴纳8000元税费。

同样的稿子，张三只从另一家出版社拿到22000元，出版社代缴代扣了8000元税费。

哪种情况，对张三来说更愉快呢？

事实上，扣除所得税比直接让人去缴税更好受一些。这广泛应用于从月收入中扣除一部分收入来支付各种商业保险和分期付款。

大的好事可以达到"冲喜"的效果。如果有某个经济活动涉及到开支/损失，找个另外有收益的经济活动并且收益超过前述损失的，合并他们。

强调双赢，促进合作

人们总是倾向于"损失规避"是很重要的，这是一个要时刻牢记的法则。

有个吝啬鬼不小心掉进河里，好心人趴在岸边喊到"快把手给我，我把你拉上来！"但这吝啬鬼就是不肯伸出自己的手。好心人突然醒悟，就冲着快要下沉的吝啬鬼大喊"我把手给你，你快抓住我！"，这吝啬鬼一下就抓住了这个好心人的手。

在商务活动中，要尽量回避提到对方可能有的损失，而是要强调双赢，从而促进合作的成功。

苦乐皆有适应性

我们常常低估自己的适应性。无论苦乐，我们都能很快适应。

晚明的张岱，少为纨绔子弟，极爱繁华，好美婢，好娈童，好鲜衣，好美食，好骏马，好华灯，好烟火，好梨园，好鼓吹，好古董，好花鸟，兼以茶淫橘谑、书蠹诗魔……

然而，这位张岱，豪华半生，皆成梦幻。年至五十，国破家亡，避迹山居。所存者，破床碎几，折鼎病琴，与残书数帙，缺砚一方而已。布衣疏莨，常至断炊。回首二十年前，真如隔世。

张岱也终于适应了这一切，活了将近90岁。

美国的一项研究表明，中彩者（中彩的金额平均为479545美元）与没有中彩的人相比，幸福感并没有显著的差异。

中国的经济增长，取得了举世瞩目的成就。但并不是所有的人都感到相应的幸福。也就是说，钱多了，生活幸福水平未必就会提高。

"忆苦思甜"是老办法，过去经常会有忆苦思甜报告会，目的是要让人们对当前的情况感觉满足，就搬出来解放前的一些凄苦的实例进行反衬。

如今，物质生活水平提高了，但许多人始终有一种"空虚感"，这里一个重要的原因就是前景理论中提到的：我们的参照点在不断提高。

"忆苦思甜"能够使我们不忘记过去的收获状态，使参照点不至于迅速提高，从而提高我们的幸福感。这也是"忆苦思甜"的原理所在。

好消息就要提前宣布

鲁文斯坦教授曾经做过这样一个实验：告诉一组大学生，他们过一会儿有机会得到一个吻，而且是来自自己最喜爱的好莱坞明星，另一组被告知在一周后得到同样一个令人激动的吻。

后一组学生的满足程度高于前一组，因为他们在期待的这一个星期里每天都会以非常真实的心态想象自己和最喜爱的电影明星接吻的情形，就好像已经和那个明星接吻好多次一样。

期待好事的过程，也是一种快乐。从而增强快乐的效果。比如让情人在期待的过程中提前想象相聚所带来的欢愉。再如比尽早宣布送给朋友一个礼物，如果可能实现的话，在开始就就给出承诺。

有人喜欢给亲朋制造意外惊喜，但是这种意外惊喜，却不一定能够将欢喜最大化。

宁送"鸡首"，不送"牛后"

俗话说：宁为鸡首不为牛后。送礼也有异曲同工之妙。

送礼的时候后，送一款小礼物类别中选择一个极品，要比在一个大礼物类别里选一个普通物品效果更好。

比如送一只价格1000块打火机，其效果要好于送一台1200块的电视机，很多送礼高手，都会留意一些高级的小玩意。

媒体一直在批判"天价烟"，但是卖到天价的香烟是越来越多了。有需求才会有市场，买这些烟的人，真正自己抽的很少。

无用的，才是大大有用的

在所有动物中，灵长目最为等级森严。

几乎所有灵长目动物，像猕猴、黑猩猩等，都过着等级森严的群居生活。

研究发现，黑猩猩群体捕到猎物后，并不是平均分食，而是领头的猩猩先吃，次强的猩猩分食剩下的部分，其余的猩猩的只能捡一些食物残渣，等级很森严。

向上爬，是人内心的渴望。

与奢侈品对立的，大概是必需品。

极品烟、极品酒，虽然不是什么必需品，且利于健康，却能长盛不衰，正是迎合了人们内心的需求。

给对方想要的，却不愿意说的

没有什么比满足对方所需更能使其对你产生好感的礼物了。所以，你应该把对方想要却舍不得买、想买却不好意思买、想买却找不到地方买的东西送给他作为礼物或者奖励。

比如是一张5星级酒店豪华套餐的高档餐券、对方急于寻求却屡被告之售罄的演唱会门票等，即满足了对方的现实需求，又增添了对方的心理满足感。

两好选一好，不如没得选

无论是作为奖励还是要赠予对方礼物，最好不要让接受奖励或礼物的人在多项答案中进行选择。

试想一下，如果是你处于这种二选一或者多选一的奖励当中，会是什么样的心情？答案是，很多人会有一种"我放弃了另外一种选择的感觉"，并且为此而患得患失，十分的不痛快。

据说，二战期间，英军在缅甸被日本人围困，国民党政府从云南派兵解救。事后出于答谢，英国给出两个选择，一归还唐摹本《女史箴图》，一赠以潜艇。

当时的国情，自然是选择后者。如今舰艇早已退休，《女史箴图》价值节节攀升。让很多人扼腕叹息。

峰终定律

一天，你在街上走着。

迎面走来一个人，拿着摄像机问你：你幸福吗？

你会怎样回答？

事实上，当你回忆自己的人生是否幸福，主要取决于两个体验。

第一，在过去的一生当中，你是否有过非常快乐（或悲惨）一段的经历。

相待如宾上学要读十几年书，平时的各种大考小考，起起伏伏。

假如有人问你，你学生时代算差生还是优等生？很多人肯定首先回忆的是自己考得最好的那次，或者考得最差的那次作为判断的重要依据。有位朋友曾经为了财富睡过马路、被人羞辱、甚至进过做过牢，如今虽然富甲一方，仍难逃人生的阴影。回忆起来仍觉得人生悲凉。

第二，你最近一段时间是否有过非常快乐（或悲惨）一段的经历。

假如你昨天偶遇一位佳人，并与之确立了恋爱关系。这时，你觉得周围的一切都那么顺眼。这时，突然冒出个举摄像机的家伙，你是不是也非常开心？

假如昨天晚上你才和老婆大吵一架。刚才又被客户投诉，你正窝火呢，突然有个人问你幸福吗，你会怎么说？

卡尼曼和特韦斯基经过深入研究，发现人们对体验的记忆，很不客观，由两个因素决定：高峰（无论是正向的还是负向的）时与结束时的感觉，这就是峰终定律（Peak-End Rule）。

卡尼曼做过一个有趣的实验，让一群学生相比另一群学生多听8秒钟相对之前较弱的噪音，但是相比仅仅听了较强噪音的学生，这些多听8秒钟的学生反而感觉更好。峰终定律，可以用来提升人生的幸福感。

人生如戏，戏如人生

人这一辈子，活得是否"值"，要在盖棺定论那天才算。

就算一辈子坎坎坷坷，但人争一口气，只要最后遂愿，人生也就圆满了。

就像一个故事，开头只是开胃菜，诱导读者读下去。高潮和和结尾才能最终形成对这个故事的印象。

卡尼曼举过一个例子，在歌剧《茶花女》的最末部分，男主角终于赶到了奄奄一息的女主角身前，在分别多年后，有情人终于可以团聚了，但女主角在10分钟美妙的音乐过后便死去了。

试想如果不是这10分钟是不是《茶花女》就会是一个完全不同的故事？

10分钟，对于人的漫长一生来说真的如此重要？

因为我们的记忆会不自觉地将过程都忽略掉了，一些关键的时刻，特别是开始、高潮和结尾就代表了整个阶段，所以对于一部经典歌剧的感受，很大程度上正是由这最后10分钟决定的。

人生如戏，取决于高峰体验，并且卒章显志。

如果花的是自己挣的钱，我一点都不反对"大办"婚礼和丧礼。

普通人的一生，并没有那么多的戏剧性与浪漫情节。对于太多的普通人，婚礼就是人生的一个高峰体验，丧礼就是最后的哀荣。

正如一个国家，在做好社会保障、食品安全工作的前提下，不妨大办奥运、大办世博，这样就能够起到国家营销的作用。

结束语

1768年，亚当·斯密的《国富论》出版，这标志着经济学作为一门独立学科的诞生。

这本书中最著名的一段话是：我们今天所需的食物和饮料，不是出自屠户、酿酒师或面包师傅的恩惠，而是由于他们自利的打算……

这也成为经济人假设的理论基础。所谓经济人假设，就是假设人绝对理性、自私、具有无限意志。

这个假设是经济学的公理，不容讨论。否则就无法推演下去了。

传统经济学的理论大厦，正是建立在这个假设的基础上的。

然而，传统经济学家忽视了亚当·斯密出版的另一本《道德情操论》，在这本书中，斯密假设人是具有同情心的，人与人之间是可以达成信任、合作的。否则人与人之间就无法做交易，市场就无法形成。在这本书中，斯密甚至还谈到，相对于获得，人对于损失更为敏感。这就是行为经济学中著名的"损失厌恶"理论。

前书中的利己主义假设与后书中人类同情心假设，经常被后世的经济学家解释为斯密的自相矛盾。

经济人假设，本不值一驳。

生而为人，就注定要犯错误样。

如果经济学不是"经世之学"，谁又会和它较真呢？正是经济学的这种身份，理性人假设常会让它有时显得欲振乏力。

注定，经济学要发生一场革命。

于是，行为经济学应运而生。"理论警察"，它的职责是找出传统经济学的漏洞。

2002年，诺贝尔经济学奖终于授予了美心理学家丹尼尔·卡尼曼。这标志着行为经济学从此被承认，异端变为正统。

这是经济学奖第一次颁给心理学家，也是第二次颁给完全没修过经济学位的人。另一次给了数学家纳什了，纳什的贡献在于博弈论。

从此，行为经济学正式走入大众视野里，开始在顶尖大学比如哈佛开设，成为经济学博士项目的基础课程。

如今，行为经济学的研究成果直接辐射到各商业分支功能如金融、会计、市场营销等方面。在公共管理、外交政策、冲突化解等领域，都具有科学有效的指导意义。比如托马斯·谢林，他研究的领域可以称为"行为博弈论"，他一反博弈论中充满数学分析的传统，并因此获得诺贝尔经济学奖。谢林曾为美国军方、国务院以及兰德智库等机构工担任顾问。

行为经济学，是一门还在发展中的学科，它给人的感觉是支离破碎。就算很多名家、大师的作品，也难免给人这种感觉。

写这本书的最大难度，是坚固它的系统性和全面性。如果能为行为经济学爱好者提供一本索引式入门的读物，那么作者的付出就没有白费。同时，作为一个"非经济人"，由于水平有限，错误在所难免，期待读者加我微博@熙代，批评指正。